*Lea lo que dicen estos líderes cristianos
sobre John Mason y su libro:*

SUÉLTESE DE LO QUE LE DETIENE

La originalidad y la factibilidad de las palabras y la sabiduría de John Mason son un producto probado que hacen de cada nuevo libro suyo una ocasión de celebrar. He aquí otro... ¡Lea y prospere!

> *Jack W. Hayford,* Pastor principal
> The Church on the Way
> Van Nuys, California

De nuevo, John Mason ha recopilado pensamientos, citas y verdades bíblicas valiosas que iluminan, avivan y enriquecen la vida. *Suéltese de lo que le detiene* es un libro buenísimo de recursos, ideas y aliento para líderes y laicos. ¡Lo recomiendo!

> *Edwin Louis Cole*
> Christian Men's Network
> Dallas, Texas

Cuando Dios habla, John Mason presta atención. Cuando John Mason habla, millones escuchan. Sus escritos han cambiado el curso de miles, brindado sanidad a los quebrantados y restaurado la esperanza a las multitudes. Este nuevo libro, *Suéltese de lo que le detiene,* será uno de los mejores que usted leerá.

> *Dr. Mike Murdock*
> Mike Murdock Evangelistic Association
> Dallas, Texas

John Mason nos reta a vivir de la forma que Dios nos llamó a vivir. Sus ilustraciones concisas convencen de la verdad de la Palabra de Dios. Prepárese para soltarse y entrar en la libertad.

> *Billy Joe Daugherty,* Pastor
> Victory Christian Center
> Tulsa, Oklahoma

Dios ha creado a cada persona con el potencial de distinguirse en un mundo herido. En *Suéltese de lo que le detiene*, se nos recuerda constantemente nuestro propio potencial y con habilidad se nos alienta a abrazar lo mejor de la vida. Este libro pondrá el poder de un jet en su autoestima.

Ron Luce, Presidente
Teen Mania Ministries
Tulsa, Oklahoma

John Mason ha sido un amigo, no solo para mí, sino para muchos hombres de negocio en mi congregación. Su punto de vista sencillo de los problemas de la vida ha ayudado a muchos a convertir sus problemas en avances. Muchas compañías de éxito en Tulsa le deben unas enormes «gracias» a la sabiduría de John Mason.

Suéltese de lo que le detiene es un libro contundente contra el mayor obstáculo para nuestro éxito, *nosotros mismos*. La apatía, la dilación y la mediocridad son gigantes que caen debido a una piedra tras otra de sabiduría. No se puede leer este libro y aplicar sus principios sin tener éxito en la vida.

Bob Yandian, Pastor
Grace Fellowship
Tulsa, Oklahoma

¡Esta vez John Mason se ha superado a sí mismo! He aquí una obra maestra eterna sobre el ímpetu. No pierda el tiempo ni dinero buscando otro material para motivarse... ¡Lea este libro primero!

Suéltese de lo que le detiene revelará la causa principal de la frustración y lo alentará a sobresalir con los principios que garantizan la *satisfacción*.

Mario Murillo,
Mario Murillo Ministries
San Ramon, California

Suéltese de lo que le Detiene

John L. Mason

Grupo Nelson
Una división de Thomas Nelson Publishers
Desde 1798

NASHVILLE   DALLAS   MÉXICO DF.   RÍO DE JANEIRO   BEIJING

Betania es un sello de *Editorial Caribe,*
una división de *Thomas Nelson, Inc.*

© 1997 EDITORIAL CARIBE
P.O. Box 141000
Nashville, TN 37214-1000, EE.UU
E-mail: caribe@editorialcaribe.com

Título del original en inglés:
Let Go of Whatever Makes You Stop
© 1994 *John Mason*
Publicado por: *Insight International*

Traductor: *Daniel J. Rojas*

ISBN: 0-88113-489-9

ISBN 978-0-88113-489-6

Impreso en EE.UU.
Printed in U.S.A.
13ª Impresión
www.caribebetania.com

Contenido

Dedicatoria

Reconocimientos

Introducción

Primera parte: Miremos hacia adentro

Gema #1
Un diamante es un trozo de carbón que se aferró
a su trabajo y triunfó bajo presión. 15

Gema #2
Cuando trata de ser como otra persona,
lo más que puede lograr es ser el número dos. 17

Gema #3
La gente dice que quiere riquezas. Lo que necesita
es la realización de un propósito. 19

Gema #4
No viva dentro de sus límites. 21

Gema #5
El que no fracasa, no crece. 23

Gema #6
Frustre la tradición constantemente con su creatividad
e imaginación. 25

Gema #7
Aproveche el tiempo que otros gastan. 27

Gema #8
Quítese del medio de la carretera. 29

Gema #9
Lo que ve depende de lo que busca. 31

Gema #10
Cuando se excusa, se acusa. 33

Gema #11
Abarque más de lo que puede............... 35

Gema # 12
Preguntas.............................. 37

Gema #13
Cambie, pero no pare..................... 41

Gema #14
La pasión es lo que persuade.............. 43

Gema #15
Si no lo hace, en realidad no lo cree........ 45

Gema #16
No encontrará nada hasta que se defina....... 47

Gema #17
La impaciencia es la gran búsqueda de un dolor
de cabeza.............................. 49

Gema #18
Impartidores de ímpetu................... 51

Gema #19
No se meta en su propio camino............ 53

Gema #20
Caminos sin obstáculos no llegan a nada...... 55

Gema #21
No se mida con el saco de otro............. 57

Gema #22
Invierta en otros........................ 59

Gema #23
Uno no aprende nada cuando habla.......... 61

Gema #24
No permita que las cosas se le peguen........ 63

Gema #25
Sea el primero en perdonar.................... 65

Gema #26
Cada día le rondan ideas que valen un millón........ 67

Gema #27
Impedimentos del ímpetu...................... 69

Gema #28
No hay nada como un verdadero amigo............ 71

Gema #29
Busque diamantes, no mariposas.................. 73

Gema #30
Nada grande se crea de repente.................. 75

Gema #31
Nadie se defrauda más que el hombre egoísta........ 77

Gema #32
Escoja un problema más grande que usted.......... 79

Gema #33
¿Qué da resultados? Siga adelante................ 81

Gema #34
No rebaje a otros... crezca usted................. 83

Gema #35
La envidia nunca enriqueció a nadie.............. 87

Gema #36
Cuente las bendiciones de Dios, no las descuente..... 91

Gema #37
Nunca se puede confiar en Dios demasiado......... 93

Gema #38
Viva en la verdad y vivirá de verdad.............. 95

Gema #39
Todos estamos en esto... cada cual por su cuenta..... 97

Gema #40
Confórmese fácilmente con lo superior. 99

Gema #41
Mida su vida por su donación, no su duración. 101

Gema #42
Haga hoy lo que quiere dejar para mañana.. 103

Gema #43
Concédale a Dios la misma posición en su vida
que Él tiene en el universo. 105

Gema #44
Nunca es seguro mirar hacia el futuro con ojos
de temor. 107

Gema #45
Si Dios es su Padre, llame a casa, por favor.. 109

Gema #46
Suelte para poder obtener.. 111

Gema #47
No posponga el gozo. 113

Gema #48
Edifique sobre las victorias. 115

Gema #49
El amor abre. 117

Gema #50
Nunca permita que el ayer ocupe demasiado
de hoy. 119

Gema #51
El alfabeto del ímpetu.. 121

Gema #52
Todos necesitamos más fe.. 123

DEDICATORIA

A Dave, por su gozo que me
recuerda sonreír;

a Mike, por su energía y curiosidad
que me recuerda ser creativo;

a Greg, por su paciencia que me recuerda
dar pasos pequeños;

a Michelle, por su amor por la música que me recuerda
vivir una vida de alabanza;

a mi esposa, Linda, por su compromiso con Dios que me
recuerda ser un hombre con las debidas prioridades.

RECONOCIMIENTOS

A tres grandes amigos:

Mike Loomis, gracias por ser tan complaciente y conforme;

Tim Redmond, gracias por tu perspicacia profética en cuanto a mi vida;

Tom Winters, gracias por ayudarme a «destapar» mis pensamientos.

También, un agradecimiento especial a Leyna Blackbird-Irby por su valiosa ayuda al mecanografiar este libro.

Introducción

Ímpetu: qué palabra tan buena para una vida poderosa. Creo sin duda que la voluntad de Dios para usted es ímpetu. Él quiere que usted suelte lo que le detiene en cuanto a crecer, desarrollarse, ser más de lo que es hoy.

Estas son las características del ímpetu: 1) Es firme; 2) es constante en la búsqueda de una meta; 3) tiene una pasión sin límites; 4) requiere una concentrada intensidad y una clara sensación de destino; y sobre todo, 5) tiene una visión ilimitada y dedicación a la excelencia.

Como resultado de leer este libro, creo que captará y aumentará el ímpetu en su vida. La Biblia dice que usted puede estar «persuadido de esto, que el que comenzó en vosotros la buena obra, la perfeccionará hasta el día de Jesucristo» (Filipenses 1.6).

Esté seguro de sí mismo y reciba el ímpetu de Dios para su vida.

MIREMOS
HACIA ADENTRO

GEMA #1

Un diamante es un trozo de carbón que se aferró a su trabajo y triunfó bajo presión.

Nuestra oración diaria debe ser: «Señor, dame la determinación y tenacidad de la mala hierba». Se ha dicho que un gran roble es solo una pequeña bellota que se mantuvo firme. «De todas maneras, estos problemas y estos sufrimientos nuestros son pequeños y no se prolongarán demasiado. Y este breve y momentáneo período de tribulación redundará en abundantes y eternas bendiciones de Dios para nosotros» (2 Corintios 4.17, *La Biblia al día*). Muchos agarramos las oportunidades, pero las soltamos muy pronto.

Don B. Owens, Jr. lo dijo muy bien: «Muchos fallan en la vida porque creen en el adagio: "Si no tienes éxito en algo, prueba con otra cosa". Pero el éxito elude a los que siguen tal consejo. Los sueños realizados son de quienes se aferraron a sus ambiciones. Rechazaron el desaliento. Jamás dejaron que la desilusión venciera. Las dificultades solo los estimularon a esforzarse más». Le juzgarán por lo que termine, no por lo que comience. Si no ve resultados inmediatos, no se preocupe. Dios no paga semanalmente, sino al final.

Todos los grandes logros requieren tiempo y tenacidad. Persevere porque quizás la última llave del llavero sea la que abra la puerta. Luchar por un segundo más que la competencia le convierte en ganador. Sea famoso por terminar tareas importantes y difíciles.

15

Si en algún momento se siente tentado a detenerse, piense en Brahms, quien dedicó siete largos años a componer su famosa canción de cuna porque solía dormirse en el piano... no, estoy jugando, pero sí le llevó siete años. Estoy de acuerdo con Woodrow Wilson cuando dijo: «Prefiero fracasar en una causa que a la larga tendrá éxito, que tener éxito en una causa que a la larga fracasará». El noventa por ciento de los fracasos se deben a personas que se dan por vencidas muy pronto. «No nos cansemos, pues, de hacer el bien; porque si lo hacemos sin desmayar, cosecharemos ricas bendiciones» (Gálatas 6.9, *La Biblia al día*). Necesitamos el martillo de la persistencia para clavar el clavo del éxito.

Muchos que fracasaron no percibieron lo cerca que estaban del éxito cuando se dieron por vencidos. Harriet Beecher Stowe escribió: «Cuando se vea en un aprieto y que todo va en su contra hasta el punto que siente que no puede aguantar ni un minuto más, nunca se dé por vencido porque es en ese preciso momento y lugar que las cosas cambiarán».

Siempre descubrirá la oportunidad al ser persistente en las posibilidades. Al buscar la definición de la palabra éxito, descubrimos que significa «fin o terminación de un negocio». Cualquier diamante le dirá que solo era un trozo de carbón que se aferró a su trabajo y triunfó bajo presión.

El camino al éxito va cuesta arriba, así que no piense que superará alguna marca. La impaciencia es costosa. Cometerá sus mayores errores por ser impaciente. La mayoría fracasa por la impaciencia. No pueden unir el principio con el final.

«El alma decidida hará más con una llave inglesa oxidada que lo que un vago puede realizar con las herramientas de un taller de mecánico», dijo Rupert Hughs. El poder para resistir a pesar de todo, de perseverar, es la cualidad de los ganadores.

GEMA #2

Cuando trata de ser como otra persona, lo más que puede lograr es ser el número dos.

Usted y yo nacemos iguales pero también diferentes. ¿Quiere destacarse en el mundo? Entonces sea usted mismo. Sea lo que en realidad es. Este es el primer paso para llegar a ser mejor que lo que es ahora. «Nadie puede ser una persona de éxito ideal hasta que haya encontrado su lugar. Como un tren, es fuerte sobre los rieles, pero débil en cualquier otro sitio» (Orsen Marden). Decida ser usted mismo.

Evite seguir a la gente. Sea una locomotora, no el vagón de cola. Como escribió Herman Melville: «Es mejor fracasar siendo original que tener éxito imitando». La gente promedio prefiere estar equivocada a ser diferente. La conformidad es el carcelero de la satisfacción y el enemigo del crecimiento. ¿Sabía que está destinado a ser diferente? Atrévase a ser diferente y siga sus propios sueños.

«Sea usted mismo. ¿Quién está mejor calificado para serlo?» (Frank Giblin). Hágase dos preguntas: Si trata de ser como otro, ¿quién será como usted? Si usted no es usted, ¿quién lo será? Mientras más desarrolle su potencial, menos será como otra persona. Tratar de ser como otra persona es autoderrotarse. Uno de los propósitos principales de su vida es darse a luz a usted mismo. Siempre que trate de ser como otra persona, lo más que logrará es ser el número dos.

No podemos alcanzar nuestro destino si seguimos el camino de otro hombre. El que camina sobre las huellas de otro jamás descubrirá algo nuevo. «No siga el camino hacia donde lo lleve. Vaya a donde no existe un camino y deje una pista» (Desconocido). «Dios ha concedido a cada persona el don de realizar bien cierta tarea» (Romanos 12.6, *La Biblia al día*).

«No dejes que el mundo te meta en su molde, sino deja que Dios te haga de nuevo para que cambie toda tu actitud mental (Romanos 12.2, *Phillips)** «Mientras más sea como usted mismo, menos será como cualquier otra persona» (Walt Disney). Usted es como un árbol: tiene que dar el fruto que se ha creado en usted.

No puede ser común. Lo común no llega a nada. Debe ser fuera de lo común para ser un campeón. Su responsabilidad no es rehacerse a sí mismo, sino hacer de usted lo mejor posible con lo que Dios hizo. No ceda su identidad... es lo único que tiene. «Casi todo hombre malgasta parte de su vida en esfuerzos para demostrar cualidades que no posee» (Samuel Johnson). No permita que su vida sea una lucha continua por ser lo que no es y hacer lo que no debe.

Usted es un milagro sin precedente. Es como Dios lo hizo, y ya que Él está satisfecho, usted también lo debe estar.

---

*   Nota del traductor: *Phillips* es una paráfrasis de la Biblia en inglés.

GEMA #3

La gente dice que quiere riquezas. Lo que necesita es la realización de un propósito.

El mundo le da paso al hombre determinado. Sus palabras y acciones demuestran que sabe a dónde va. Usted está creado para conquistar circunstancias, resolver problemas y alcanzar metas. En la vida, no hallará verdadera satisfacción ni felicidad sin obstáculos que conquistar, metas que alcanzar y un propósito que realizar. La gente dice que quiere riquezas. Lo que necesita es la realización de un propósito. La felicidad viene cuando nos gastamos por un propósito.

En su corazón hay un león durmiente. Tenga una misión. Tenga un definido sentido de dirección y propósito para su vida. A la vida de éxito la motiva un propósito dinámico. Dios solo puede bendecir su plan y dirigirle en realizarlo si usted tiene uno. Fuertes convicciones preceden grandes acciones.

El momento que se renuncie al destino, su renuncia se aceptará de inmediato. Pero usted no tiene un destino; tiene un propósito. Cuando mire hacia el futuro, verá que es tan deslumbrante que le hará entrecerrar los ojos. Me alienta George Elliott, cuando dijo: «Nunca es demasiado tarde para ser lo que puedes haber sido».

«Más hombres fracasaron por la falta de propósito que por la falta de talento» (Billy Sunday). Si su método es «al azar», casi nunca acertará. «Si no está seguro a donde va, es probable que llegue a otro lugar» (Robert F. Mager). Demasiadas personas no saben a donde van, pero están en camino. Crecer por crecer es la ideología de la célula de cáncer. Siga hacia adelante con un propósito.

Lord Chesterfield escribió: «La firmeza de propósito es una de las más importantes fibras del carácter y uno de los mejores instrumentos para el éxito. Sin ella, el genio malgasta sus esfuerzos en un laberinto de contradicciones». Sin dudas, encontrará otra cruz si huye de la que debe cargar. El hombre que no tiene dirección es esclavo de sus circunstancias. El hombre más pobre no es el que no tiene un centavo, sino el que no tiene un propósito. «Lo único que algunas personas hacen es envejecer» (Ed Howe).

«Si no tiene una visión para su vida, es probable que no se ha fijado en nada» (Dr. David Burns). Sin visión no puede haber un enfoque claro y constante. Una vez que su propósito está claro, las decisiones vendrán rápido. «Cuando descubra su misión, sentirá la demanda de ella. Lo llenará de entusiasmo y ardiente deseo de comenzar a trabajar en ella» (W. Clemente Stone).

GEMA #4

No viva dentro de sus límites.

No me pasa a menudo, pero mientras escribía este libro el Señor me despertó a medianoche. Sentí que me llamaba a escribir una gema titulada «No viva dentro de sus límites». Aunque ya eran las cuatro y cincuenta de la mañana, me emocioné tanto que desperté a mi esposa y comencé a «predicarle» sobre esto por varios minutos. (Me dijo que le encantó la idea, pero que le hacía mucha falta dormir.)

¿Qué considero que Dios quiere decir con «No viva dentro de sus límites»? Creo que Él quiere que actuemos más, creamos más, nos asociemos más, hagamos (con Dios) más que lo que podemos pedir o imaginar. Su perspectiva determina sus resultados. Si Dios es su socio, haga GRANDES planes.

No lo animo a volverse loco, ni a vivir sin límites ni a ser imprudente. Definitivamente gastemos dentro de nuestros límites, pero no vivamos ahí. Hable con personas más inteligentes que usted. Escuche a los que sean más espirituales que usted. Hágale preguntas a personas con más éxito que usted. Ayude a los que tienen menos que usted. No se quede donde está.

Sinceramente pienso que muchas personas que se creen frugales en realidad no lo son. Más bien están llenas de miedo. La etiqueta de frugal, balanceado o conservador a menudo es una máscara para esconder un temor arraigado.

21

No haga planes tan minuciosos para un día de lluvia, que no pueda disfrutar el sol de hoy.

Cuando solo se vive dentro de los límites, no se puede vivir por fe. Si no está viviendo por fe, no puede agradar a Dios, porque «sin fe es imposible agradar a Dios» (Hebreos 11.6). Abandone por completo la búsqueda por la seguridad. «Solo los inseguros procuran la seguridad» (Wayne Dyer). Si solo trata de ganarse la vida, se olvidará de cómo vivir.

Keith Provance, un hombre que ha influido mucho en mi vida, dijo algo que nunca olvidaré: «A quien Dios llama, capacita. A quien capacita, lo unge para hacer la obra». No importa cuál sea el nivel de su habilidad, Dios lo ha capacitado y ungido con más potencial que lo que pueda usar en su vida. No permita que el futuro sea un tiempo en el que querrá haber hecho lo que no está haciendo ahora.

Si le sirve el zapato, no se lo ponga. Si lo hace, impide su crecimiento. El que vive dentro de sus límites hace lo mismo que la mayoría.

GEMA #5

El que no fracasa, no crece.

El mayor error que uno puede cometer en la vida es tener un temor continuo de cometer uno. «No tema el fracaso. No gaste su energía tratando de ocultar los errores. El que no fracasa, no crece», dice H. Stanley Judd. Cuando personas de éxito dejan de crecer y aprender, es porque llegan a estar menos dispuestos a arriesgarse a fracasar. El fracaso es la consecuencia natural de intentar. «Nunca deje que el temor a poncharse le impida continuar» (Babe Ruth, líder en ponche, líder en home run).

Deje de tratar de ser perfecto. Cuando tiene que tomar una decisión seria, dígase con firmeza que la va a tomar. No espere que será perfecta. Me encanta la sabiduría de Winston Churchill: «La máxima: "Nada menos que la perfección es de provecho", se puede describir como parálisis». Henry Ward Beecher escribió: «No me gustan las personas frías, precisas y perfectas que, para no expresarse mal, nunca se expresan, y para no hacer algo mal, nunca hacen nada». La búsqueda de la excelencia es agradable y saludable; la búsqueda de la perfección es frustrante, infructuosa y un terrible malgasto del tiempo.

La realidad es que usted es como una bolsita de té. No sabrá cuán fuerte es hasta que se encuentre en agua caliente. El fracaso solo lo evitamos si no decimos nada, no hacemos nada, ni somos nada. «Recuerde, fracasar le brinda dos beneficios. Primero, aprende qué es lo que no da resultados; segundo, le da la oportunidad de acercarse al problema de otra forma» (Roger Van Oech).

Algunas derrotas solo son los pasos hacia la victoria. Henry Ford notó: «Hasta un error puede convertirse en la única cosa necesaria para lograr algo que valga la pena». Algunas personas aprenden de sus errores; otras nunca los superan. Aprenda a fracasar con inteligencia. Desarrolle el éxito con sus fracasos.

El desaliento y el fracaso son dos de los escalones más seguros hacia el éxito. No hay otros elementos que puedan hacer tanto para el hombre que esté dispuesto a estudiarlos y sacarle el mayor provecho. «La mayoría de las personas ven el éxito y el fracaso como opositores, pero en realidad son el producto del mismo proceso» (Roger Van Oech). Su etapa de fracaso es el mejor tiempo para sembrar las semillas del éxito. Personas de éxito no temen fracasar. Van de fracaso en fracaso hasta que al fin logran el éxito. La mejor manera de acelerar su éxito es doblando la velocidad de sus fracasos. La ley del fracaso es una de las leyes más poderosas del éxito.

«No importa los errores que haya cometido, no importa cómo haya metido la pata, todavía puede comenzar de nuevo. La persona que entiende esto sufre menos el choque y el dolor del fracaso y comienza otra vez más rápido», dijo Norman Vincent Peale.

GEMA #6

Frustre la tradición constantemente con su creatividad e imaginación.

Pare y sueñe despierto de vez en cuando. Necesita dejar que su imaginación camine y respire un poco. Nunca es muy tarde para comenzar a pensar con más creatividad. A menudo es simplemente una falta de imaginación lo que separa a un hombre de su potencial. Crear nuevas ideas es como afeitarse: el que no lo hace todos los días es un vago. Tenga un fluir constante de ideas nuevas, emocionantes y poderosas en las que pueda actuar de inmediato.

Frustre la tradición constantemente con su creatividad e imaginación. «Las oportunidades de un hombre solo las limitan su imaginación. Pero tan pocos tienen imaginación que hay diez mil violinistas por cada compositor» (Charles Kettering). Los sueños son un avance de la grandeza. Todos los hombres que han logrado cosas grandes han sido soñadores. Puede ser que los que hacen más, sueñan más. Un pensador superficial pocas veces deja una impresión profunda. Actuamos, o dejamos de actuar, no debido a la *voluntad*, como muchos creen, sino a la *visión*. Solo cuando usted vea lo invisible podrá lograr lo imposible.

«Las ideas son como conejos. Uno compra dos y aprende a usarlos, y pronto tiene una docena» (Anónimo). Le sacará más provecho a cada parte de la vida si permanece insaciablemente curioso. «Lo importante es no dejar de preguntar.

Nunca pierda una curiosidad santa» (Albert Einstein). Dexter Yager dice: «No permita que nadie le robe los sueños».

«Tenemos que soñar para realizar sueños» (Denis Waitley). Nada pasa si antes no sueña. Mientras más sueñe, más puede hacer. «Las ideas son como las estrellas: nunca las alcanzamos, pero, como los marineros, nos guiamos por ellas» (Carl Shurz). «Como no le cuesta nada soñar, nunca se quedará corto al extender su imaginación» (Robert Schuller). No vea las cosas como son, sino como pueden ser. La visión añade valor a todo. Una sola idea, el súbito destello de cualquier pensamiento, puede valer más de un millón de dólares.

«Soy fanático de los sueños. Desafortunadamente, son las primeras víctimas en la vida. Parece que la gente los abandona más pronto que otra cosa por la "realidad"» (Kevin Costner). «A la larga, los realistas con metas prácticas casi nunca son tan realistas ni prácticos como los soñadores que siguieron sus sueños» (Hans Selye).

Lo que necesita es una idea. Sea lo suficientemente valiente para vivir con creatividad.

GEMA #7

Aproveche el tiempo que otros gastan.

No sea alguien que dice: «¡Atención! Apunten, apunten, apunten, apunten». Cuando se presente una oportunidad, diga: «¡Fuego!» Haga lo que tiene que hacer cuando se debe hacer, gústele o no. «El que vacila pierde la luz verde, le dan en el parachoques y pierde su estacionamiento» (Herbert Prochnow).

Una de las decepciones de una vida infructuosa es que hoy no es el día crítico, importante y decisivo. Cada día ofrece sus propios regalos. Quítele el moño, arránquele el papel y ábralo. Escriba en su corazón cada día que ese es el mejor del año.

Cuando el necio acaba de aprender a jugar, los jugadores ya se han dispersado y las reglas han cambiado. No comience a golpear cuando el hierro está frío. Es mejor rrascar la oportunidad cuando le pique. La vida está compuesta de llamados constantes a la acción.

«Líderes de éxito tienen el valor para actuar cuando los demás vacilan» (John Maxwell). Nunca sabrá lo que puede hacer hasta que lo intente. Recuerde, en el momento que dice: «Me rindo», otro ve la misma situación y piensa: «Qué oportunidad más buena». El hecho es que ninguna oportunidad en realidad se pierde; otro recoge lo que usted pasó por alto. Un secreto del éxito en la vida es estar preparado para la oportunidad cuando venga. La habilidad no es nada sin la oportunidad.

El tiempo vuela. Depende de usted ser el piloto. «Todo viene al que no pierde tiempo mientras espera» (Thomas Edison). He observado que la mayoría de las personas salen adelante durante el tiempo que los demás pierden. Un secreto del éxito es hacer otra cosa mientras tanto. Optimice el momento.

Es más tarde de lo que piensa. Esté listo ahora. El despertador de Dios no tiene botón para dormitar. No le ayuda en nada levantarse y prestar atención si se sienta cuando se acerca la oportunidad. Mírela, estúdiela y tome una decisión. Pospone su vida cuando no puede decidir. «Si esperas condiciones perfectas, nunca realizarás nada ... Persevera en la siembra, pues no sabes cuál semilla germinará; quizá germinen todas» (Eclesiastés 11.4,6, *La Biblia al día*).

William Ward tiene una receta para el éxito: «Estudie mientras los demás duermen; trabaje mientras los demás gandulean; prepare mientras los demás juegan y sueñe mientras los demás desean». No hay tiempo como el presente y no hay presente como el tiempo. Los que se toman ventaja de sus ventajas reciben las ventajas en este mundo. No llegue al final de su vida diciendo: «¡Qué vida más maravillosa he tenido! Ojalá me hubiera dado cuenta antes».

GEMA #8

Quítese del medio de la carretera.

Su destino no depende de la suerte; depende de su selección. Muchas personas apuntan bien en la vida, pero no acaban de disparar. Cuando determina lo que quiere, ha tomado la decisión más importante de su vida. Tiene que saber lo que quiere para poder obtenerlo.

«Encomienda a Jehová tu camino, y confía en Él; y Él hará» (Salmo 37.5). Si somos fieles, Dios se ocupará de nuestro éxito. Triunfar es el resultado de una decisión deliberada, un ajuste de su vida a la voluntad de Dios. Ser dirigido significa confiar en Dios. Estar comprometido significa que Dios puede confiar en nosotros.

Harvey Cox dice: «No decidir es decidir». A la mala hierba le es fácil crecer en la tierra de la indecisión. Quítese del medio de la carretera. Pararse ahí es muy peligroso; el tránsito en ambas direcciones puede tumbarle. El tren del fracaso corre sobre los rieles de la indecisión.

Debido a la indecisión, uno puede morir antes de estar muerto. «La indecisión debilita; se alimenta de sí misma; se pudiera decir que crea hábito. No solo eso, pero es contagiosa; se transmite a otros» (H.A. Hopf).

«Hay una sutil diferencia de perspectiva entre involucrarse y comprometerse. Cuando hablamos de jamón y huevos, la gallina está involucrada, pero el cerdo está comprometido» (John Alan Price). Hasta que uno no se comprometa, hay vacilación, la oportunidad de retroceder y siempre ineficacia. «Lo haré» es un lema para una vida emocionante.

Debe elegir entre el aburrimiento y las decisiones. No sea como una carretilla que no se mueve si no la empujan. Los débiles siempre se ven obligados a decidir entre alternativas que otros les han ofrecido, no las que ellos mismos han seleccionado. Lo que dice Mike Murdock es cierto: «Nunca se queje de lo que usted permitió».

Un sabio hace sus propias decisiones; un ignorante sigue la opinión pública. Usted está donde está hoy porque decidió estar allí. La realidad se forma alrededor de un compromiso, y una persona comprometida siempre logra más que cien personas que solo están interesadas. El compromiso es lo que hace que una idea se convierta en realidad.

Sea decidido aunque signifique que a veces se equivoque. La clave para su futuro es que todavía puede escoger. Eso a lo que se comprometa ser lo cambiará de lo que es a lo que puede ser.

GEMA #9

Lo que ve depende de lo que busca.

La razón por la que muchos no reciben respuestas de Dios es la misma por la que un ladrón no suele encontrarse con la policía: anda huyendo. La manera de disponernos a recibir es lo que nos distinguirá. Para una persona, el mundo es desolado, tedioso y vacío; para otra, el mismo mundo parece rico, interesante y lleno de significado. De usted depende la elección. Es igual que un billete de veinte dólares, se ve enorme cuando está en la iglesia y muy pequeño cuando se va de compras.

Si ve siempre al mundo mal, hay que alarmarse. Lo que ve depende de lo que busca. La mayoría de las personas se quejan porque las rosas tienen espinas. Es mejor estar agradecidos porque las espinas tienen rosas.

Póngase en la posición de recibir, no de resistir. La manera de ver las cosas por fuera depende de cómo usted está por dentro. «Cualquier hecho que enfrentemos no es tan importante como nuestra actitud hacia ello porque eso es lo que determina nuestro éxito o fracaso» (Norman Vincent Peale). «Usted y yo no vemos las cosas como son. Vemos las cosas como somos» (Herb Cohen). Desarrolle el método del cazador, el concepto de que a donde va, hay ideas por descubrir. Cuando se posicione bien, la oportunidad se le presentará.

La oportunidad se le puede escapar si está transmitiendo cuando debe estar recibiendo. Cuando la oportunidad se asoma, a algunas personas les molesta la interrupción. «Una de las verdades más grandes y consoladoras es que cuando una puerta se abre, otra se cierra, pero a menudo miramos la puerta cerrada por tanto tiempo y con tanto pesar que no vemos la que está abierta» (Anónimo).

Vea el éxito donde los demás solo ven el fracaso. Espere que algo bueno pase. Esa esperanza impartirá energía e ímpetu a sus sueños. A menudo hallará que la vida responde a su punto de vista. Vamos a donde está nuestra visión. La vida es más que todo una cuestión de expectativas.

Tomará ventaja si hace las cosas antes que se tienen que hacer, posicionándose temprano. Disfrutará de más éxitos cuando ande un poquito adelantado al resto. Creo que uno de la mayores beneficios de leer la Biblia es que nos puede enseñar a responder con anticipación a los retos y las oportunidades de la vida. Excave un pozo antes de tener sed, y siempre una semilla antes de tener hambre.

El problema con el futuro para la mayoría de las personas es que llega antes de estar preparadas. Posicionarse para recibir le permite estar preparado. La pregunta más importante es: «¿Está preparado?»

GEMA #10

Cuando se excusa, se acusa.

«El noventa y nueve por ciento de los fracasos son de personas que tienen la costumbre de dar excusas» (George Washinton Carver). Usted nunca es un fracasado hasta que comienza a culpar a otras personas. Deje de culpar a otros. Descubrirá que cuando llegue a ser bueno en inventar excusas no servirá para nada más. Las excusas son las herramientas que las personas sin propósito o visión usan para edificar enormes monumentos vacíos.

Muchos aprenderían de sus errores si no estuvieran tan ocupados negándolos o defendiéndolos. «Me parece que en estos días las personas que reconocen que se equivocaron llegan a más que las que tratan de demostrar que andan bien» (Dery Pfizer). Lo que el veneno para la comida, son las coartadas para una vida productiva. «El trabajo produce ganancia; la charlatanería engendra pobreza» (Proverbios 14.23, *La Biblia al día*). «Algunos hombres tienen miles de razones para no hacer lo que quieren hacer cuando lo que en realidad necesitan es una razón para hacerlo» (Willis Whitney). Busque una razón.

Una de las coartadas más grandes es el pesar. No deje ninguna pena en el terreno. Entréguese de lleno al juego de la vida. «La lección más valiosa que he aprendido de la vida es la de no lamentar nada» (Somerset Maugham). Elimine todos sus pesares. Creo que la mayoría de las personas viven vidas de silencioso lamento. «El pesar es una pasmosa pérdida de energía. No puede edificar sobre él. Solo sirve para revolcarse en él» (Catherine Mansfield). La verdad es que mil lamentos no pagan ni una deuda. Viva su vida de tal manera que su piedra sepulcral pueda decir: «Sin lamentos».

Cuando un vencedor comete un error, dice: «Me equivoqué». Cuando un perdedor comete un error, dice: «No es culpa mía». ¿Usted lo reconoce y dice «Me equivoqué», o dice «No es culpa mía»? El ganador explica, pero el perdedor se excusa.

A los ociosos les sobran las excusas. La frase *no puedo* en realidad significa que no quiere intentarlo. La frase *no puedo* es la peor que se ha escrito o dicho, y hace más daño que la calumnias y las mentiras. *No puedo* es la peor excusa y el mayor enemigo del éxito.

Fallamos por muchas razones, pero sin una sola excusa. «Las excusas siempre reemplazan el progreso» (Ralph Waldo Emerson). «Cuando hagan algo, eviten las quejas y las discusiones, para que nadie les pueda reprochar nada» (Filipenses 2.14-15, *La Biblia al día*). Las coartadas y las excusas deben cremarse, no embalsamarse. Las excusas no sirven ante Dios. El que se excusa se acusa porque negar una falta siempre la dobla.

«Los mejores años de su vida son aquellos en los que decide que sus problemas son suyos. No le echa la culpa a su madre, la ecología ni al presidente. Se da cuenta que usted controla su destino» (Albert Ellis). Debemos vivir como Florence Nightingale cuando dijo: «Debo mi éxito a esto: nunca di ni acepté una excusa».

GEMA #11

Abarque más de lo que puede.

No haga nada que no requiere fe. La clave del ímpetu es siempre tener algo que vislumbrar por fe. Vivimos por fe o no vivimos. O nos atrevemos o vegetamos. Necesitamos más personas que se especialicen en lo imposible. El éxito de este año era lo imposible del año pasado. «La fe no es tratar de creer a pesar de la evidencia. La fe es atreverse a hacer algo a pesar de las consecuencias» (Sherwood Eddy).

Phillips Brooks dice que oremos así: «No pidan una vida fácil. Pidan ser hombres más fuertes. No pidan tareas al nivel de sus poderes. Pidan poder al nivel de sus tareas». Jesús nos dijo a usted y a mí: «Yo he venido para tengan vida, y para que la tengan en abundancia» (Juan 10.10). Nunca tema hacer lo que Dios le dice: «Apunte a la luna. Aunque no dé en el blanco, caerá entre las estrellas» (Les Brown). Usted y yo nos parecemos a las ligas elásticas. Somos más útiles cuando nos estiran.

Solo puede lograr algo en proporción a lo que intenta. Logramos poco porque intentamos poco. Nunca diga nunca. Tiene que pensar en grande para ser grande. «No es por causa de la dificultad que no nos atrevemos. Es porque no nos atrevemos a hacer cosas difíciles» (Séneca). La definición de imposible: Algo que nadie puede hacer hasta que alguien lo hace. La realidad es que es divertido hacer lo imposible. Cuando nos vamos por lo seguro, creamos la mayor inseguridad. Así que vea las cosas como pueden ser.

No se aprovecha de los recursos de Dios hasta que intenta hacer lo imposible. «Con la ayuda de Cristo, que me da fortaleza y poder, puedo realizar cualquier cosa que Dios me pida realizar» (Filipenses 4.13, *La Biblia al día*). «Las mentes mediocres casi siempre desechan cualquier cosa que está más allá de su entendimiento» (Rochfoucald). Hasta un cobarde puede alabar a Cristo, pero se requiere ser un hombre valiente para seguirlo. Calvin Coolidge dijo: «No necesitamos más poder intelectual, sino poder espiritual. No necesitamos más cosas que se ven, sino más de las cosas invisibles».

El progreso siempre lleva sus riesgos. No puede llegar a la segunda base sin dejar la primera. El que no se atreve a nada no gana nada. Si no mete la mano en el panal, no puede llevarse la miel.

Busque maneras de ejercitar los músculos de arriesgar. Todos tenemos un músculo del riesgo y se mantiene saludable experimentando e intentando cosas nuevas. «Las personas arriesgadas son aquellas contra las que perderá» (John Scully). «Las personas que son de veras un fracaso son las que establecen sus normas tan bajas, mantienen la barra a un nivel tan seguro, que nuncan corren el riesgo de fallar» (Robert Schuller).

Un barco grande siempre necesita aguas profundas. Cuando usted no arriesga nada, no debe esperar nada. Dios quiere que abarquemos más de lo que podemos, vivir por fe y no por vista.

GEMA # 12

Preguntas.

El entusiasmo y el pesimismo son contagiosos. ¿Cuánto de cada uno esparce usted?

Si alguien le pagara diez dólares por cada palabra amable que dijera y le cobrara cinco por cada palabra dura, ¿sería rico o pobre?

«¿Qué progreso está bloqueando?» (Tim Redmond).

¿Es una creatura de las circunstancias o un creador de ellas?

¿Está preparado para su oportunidad cuando llegue?

¿Se sienten los demás pequeños o grandes cuando están con usted?

¿Gasta su vida contestando preguntas que nadie le hizo?

En diez años, ¿qué querrá haber hecho ahora?

Si tiene las promesas de Dios para algo, ¿es eso suficiente?

¿Por qué preocuparse si puede orar?

¿Qué edad tiene su actitud?

¿Está preparado?

¿Adquiere las dudas de otro?

¿Está dispuesto a seguir la verdad a donde sea que le guíe?

¿Expresa sus dolores o los memoriza?

¿Cuánto le ha costado preocuparse por cosas que nunca pasaron?

¿*Atraviesa* las dificultades o trata de darles la *vuelta* sin *pasarlas*?

¿Dice: «Debe haber una mejor manera de hacerlo», o dice: «¡Así es que siempre se ha hecho»?

¿Planea a propósito ser menos de lo que puede ser?

¿Quién, si no usted? ¿Cuándo, si no ahora?

¿Está dispuesto a abandonar lo que tiene para llegar a ser lo que puede ser?

¿Qué cree en lo más profundo de su ser?

¿Cómo llega de aquí a donde sea que quiere estar?

¿Cuál es el primero y pequeño paso que puede dar para comenzar a moverse?

¿Está pensando en la seguridad o en la oportunidad?

«Si no tiene sueños, ¿cómo puede hacer sus sueños realidad?» (Oscar Hammerstein).

¿Mira al horizonte y ve una oportunidad, o mira hacia la distancia y teme un problema?

¿Deja para mañana las cosas que ya había dejado para hoy?

¿Estará el fracaso afectando su cabeza?

¿Trata de abarcar más de lo que aprieta?

«¿Se pasa la semana sembrando malas semillas y luego pide el domingo que la cosecha falle?» (Fred Allen)

¿Está paseando o va a algún lugar?

¿Está siempre dispuesto a vivir pero no vive?

¿Ve las dificultades en cada oportunidad o las oportunidades en cada dificultad?

¿Cuántas personas ha conocido con tremendo potencial? ¿Y en qué andan ahora?

¿Le satisface el fracaso?

GEMA #13

Cambie, pero no pare.

Cuando deje de cambiar, terminó. La mayoría de las personas fracasan en la vida porque no están dispuestas a hacer cambios. Pero la verdad es que la corrección y el cambio siempre dan fruto.

Toda la humanidad está dividida en tres clases: 1) los que no pueden cambiar; 2) los que pueden cambiar; 3) los que causan cambios. «El cambio siempre es más difícil para el hombre que está trabado en una rutina porque ha limitado las cosas en su vida solo a lo que puede soportar cómodamente y no permite que ningún cambio o reto lo levante», escribió C. Neil Strait. Si se encuentra en un hoyo, deje de excavar. Cuando las cosas le vayan mal, no vaya con ellas. La obstinación y la renuencia a cambiar son la energía de los necios.

«El que no aplique nuevos remedios tendrá que expulsar nuevos males», escribió Francis Bacon. «"Yo te instruiré", dice el Señor, "y te guiaré por el camino mejor para tu vida; yo te aconsejaré y observaré tu progreso"» (Salmo 32.8, *La Biblia al día*). Dios nunca cierra una puerta sin abrir otra, pero debemos estar dispuestos a cambiar para atravesar esa nueva puerta.

En la oración aprendemos a cambiar. La oración es una de las experiencias más transformadores que se puede tener. No puede orar y quedarse igual.

Ir a la segura es quizás una de las cosas más inseguras en el mundo. No se quede quieto. Siga adelante y sea receptivo

41

a esos ajustes que Dios tiene para usted. Las personas más infelices son las que temen el cambio.

Se ha dicho varias veces: no se puede hacer una tortilla sin romper huevos. Los logros automáticamente resultan en cambios.

Un cambio le prepara el camino a otro, dándonos la oportunidad de crecer. Uno tiene que cambiar para dominar los cambios.

Tiene que ser receptivo al cambio porque cada vez que se cree listo para graduarse de la escuela de la experiencia, alguien inventa un curso nuevo. Decídase a estar dispuesto a experimentar cambios. Si puede percibir cuándo estar firme y cuándo ser flexible, su éxito está asegurado. Podemos ponernos nerviosos ante cambios constantes, pero nos asustaríamos si los cambios pararan.

Bienaventurado el hombre que se ajuste a nuevas circunstancias sin abandonar sus convicciones. Ábrale los brazos a los cambios, pero no suelte sus valores. La mayoría de las personas fracasan debido a una falta de persistencia en desarrollar nuevas ideas y planes para reemplazar los que fallaron. Su crecimiento depende de su buena voluntad a experimentar cambios.

GEMA #14

La pasión es lo que persuade.

El punto inicial de todo logro es el deseo. No olvide esto: los deseos frágiles producen resultados frágiles así como un poquito de fuego solo produce un poquito de calor. Actúe a raíz de sus pasiones. Sepa que mientras más energía aplique a cualquier obra, más tendrá que aplicar a la siguiente tarea. «Todo lo que te viniere a la mano para hacer, hazlo según tus fuerzas (Eclesiastés 9.10).

El deseo es la siembra de la semilla. A veces parece que los deseos profundos no solo crean sus propias oportunidades, sino también sus propios talentos. «Una gran pasión por cualquier cosa asegurará el éxito, porque el deseo por el fin señalará los medios» (William Hazlitt).

El problema con muchos hombres educados es que la enseñanza se les va a la cabeza y no al corazón. El corazón es como un profeta. El corazón no es traidor. Es solo con el corazón que uno puede ver bien; lo que se requiere es invisible a simple vista. ¿Le ha robado el corazón ese sendero por el que transita? Dios le ha enviado a este mundo para hacer algo en lo que puede darse por entero.

En la vida solo le recordarán por sus pasiones. Busque algo que le consuma. Una creencia no es solo una idea que una persona posee. Es una idea que posee a una persona. «Y todo lo que hagáis, hacedlo de corazón, como para el Señor y no para los hombres» (Colosenses 3.23). Aprenda a sentirse cómodo con el entusiasmo.

Cada vez que se habla sobre el celo y la pasión, alguien menciona el *balance*. El balance es una virtud buena, pero las vecinas del balance son la apatía y la debilidad. La verdad es que ser balanceado es a veces una excusa para ser tibio, indiferente o neutral. La indiferencia, la tibieza y la neutralidad siempre van pegadas al fracaso.

El entusiasmo puede lograr en un día lo que le tomaría siglos a la razón. «*Por sobre todo*, guarda tus sentimientos, porque ellos influyen en la totalidad de tu vida» (Proverbios 4.23, *La Biblia al día*). William James dijo: «Quizás el mayor descubrimiento de este siglo es que si usted cambia de actitud, puede cambiar su vida».

La pasión es lo que persuade. «Creer es ver. Esto es mucho más eficaz que el antiguo concepto de que ver es creer» (Terrence Deal). Si le gusta lo que hace, seguirá haciendo mejores y mayores cosas.

GEMA #15

Si no lo hace, en realidad no lo cree.

«La gente le juzga por sus acciones, no por sus intenciones. Puede tener el corazón de oro, pero un huevo hervido también» (*Good Reading*). Mil palabras no dejarán una impresión que perdure más que una buena acción. La acción es el fruto de la dirección. Asegúrese de que las acciones apropiadas siempre sigan sus buenas intenciones. Si no lo hace, en realidad no lo cree. «Si *sabéis* estas cosas, bienaventurados seréis si las *hiciereis*» (Juan 13.17, énfasis del autor).

La oración jamás debe ser una excusa a la falta de acción. A veces creo que Dios nos dice lo mismo que a Moisés cuando le dijo: «Deja de orar y dile al pueblo que marche» (Éxodo 14.15, *La Biblia al día*). La mayoría de las oraciones solo serán contestadas cuando se liguen con la acción.

Algunas personas se pasan la vida entera buscando lo que es bueno, pero parece que no pueden hallar el tiempo para practicarlo. «Y al que sabe hacer lo bueno, y no la hace, le es pecado» (Santiago 4.17 *La Biblia al día*). La historia de su vida no se escribe con un bolígrafo, sino con sus acciones. *Hacer* nada es *ser* nada.

«No hay indolencia sin mil problemas» (Proverbio galés). La herramienta número uno del diablo no es un pecador activo, sino un cristiano inactivo. «El diablo tienta a algunos, pero el hombre indolente tienta al diablo» (Proverbio inglés). Asegúrese de estar haciendo lo bueno para que el diablo siempre lo encuentro ocupado.

La acción conquista el temor. Cuando confrontamos nuestros temores, los dominamos. Cuando luchamos contra nuestros problemas, pierden su poder sobre nosotros. Cuando nos atrevemos a enfrentar las cosas que tememos, abrimos la puerta para nuestra libertad.

El ímpetu no es un accidente. «El concepto común es que la motivación nos conduce hacia la acción, pero lo opuesto es cierto: la acción precede a la motivación» (Robert McKain). «No espere a que le motiven. Agarre al toro por los cuernos hasta que le pida misericordia a gritos» (Michael Cadena).

La pereza es una carga. Nada cansa más que buscar la manera más fácil de ganarse la vida. La pereza sigue y sigue, pero con el tiempo conduce a la pobreza. Somos lo más débil cuando tratamos de conseguir algo gratis. «El trabajo intenso da prosperidad; la vida regalona lleva a la pobreza» (Proverbios 28.19, *La Biblia al día*).

El hombre de palabras sin hechos es como un jardín lleno de mala hierba. No permita que la mala hierba crezca alrededor de sus sueños. El único sueño de la persona que a usted le gustaría ser es gastar la persona que es. Algunos hombres sueñan con grandes logros, mientras otros se mantienen despiertos y los logran. En cierta ocasión, Henry Ford comentó: «No puede crear una reputación basado en lo que va a hacer». «Huya de la indolencia. Es un orín que se pega a los metales más brillantes» (Voltaire).

Debemos ser como una combinación de la paloma mensajera y el pájaro carpintero: no solo llevar el mensaje, sino también tocar la puerta.

GEMA #16

No encontrará nada hasta que se defina.

Las oportunidades le rodean. La diferencia está en su enfoque. Hágase esta pregunta cada día: «¿Hacia qué debo enfocarme?» Cuando enfoca su atención en algo, desarrolla fuerza e ímpetu.

Estas son las características del ímpetu: 1) tiene un solo propósito; 2) es constante en su búsqueda de una meta; 3) tiene una pasión sin límites; 4) demanda una intensidad concentrada y un sentido de destino definido; y sobre todo, 5) tiene una infinita visión y dedicación a la excelencia.

La concentración es la llave que abre la puerta a la satisfacción. «La primera ley del éxito es la concentración: dirigir todas las energías hacia un punto, e ir directamente hacia ese punto, sin mirar a la derecha ni la izquierda» (William Mathews). Las personas de mayor éxito siempre han sido personas concentradas que han asestado sus golpes en un lugar hasta lograr su propósito. Tienen una idea específica, una ambición constante, un solo propósito concentrado.

¡Qué disparidad más grande hay entre los sueños y los logros de algunas personas! Esto se debe a la diferencia entre su compromiso a unir todas las opciones de su habilidad y enfocarlas en un punto.

Hay dos caminos simples hacia el desastre: rechazar los consejos de todo el mundo, y seguir los consejos de todo el mundo. Aprenda a decirle no a lo bueno para poder decirle sí a lo mejor. A.P. Goethe dice que hay tres estrategias para lograr el éxito: «1) un basurero grande: debe saber qué eliminar; 2) saber qué preservar; 3) saber cuándo decir no, porque el desarrollo de este poder nos capacita para decir sí».

Logramos cosas dirigiendo nuestros deseos, no evitándolos. Tendrá un poder inmenso sobre su vida cuando posea metas específicas. Sus palabras, el tono de su voz, su manera de vestir, sus mismos movimientos cambian y mejoran cuando comienza a vivir con un propósito.

No sea alguien que está inseguro en cuanto al futuro y nebuloso en cuanto al presente. Mantenga el ritmo sin quedarse en un bache. Haga de algo su especialidad. Hasta Dios, que es Dios, no puede complacer a todo el mundo, así que usted no lo intente. No encontrará nada hasta que se defina. Para terminar la carrera, quédese en la pista.

Me sorprende la falta de propósito que tiene la mayoría de las personas y la facilidad con la que delegan la dirección de sus vidas a otros. «Aprenda a definirse, a satisfacerse con algo específico y algún trabajo definido; atrévase a ser lo que en realidad es, y a aceptar con gracia todo lo que no es» (Anónimo).

GEMA #17

La impaciencia es la gran búsqueda de un dolor de cabeza.

«El tiempo sí que cambia las cosas», dijo un pasajero de avión a su compañero. «Cuando era niño solía sentarme en una chalana y pescar en ese lago ahí abajo. Cada vez que un avión pasaba, miraba hacia arriba y anhelaba volar. Ahora miro hacia abajo y quisiera estar pescando». El tiempo sí que cambia las cosas.

Estar en el debido lugar a su debido momento es determinante. ¿Qué importancia tiene la habilidad de escoger el momento oportuno? Theodore Roosevelt dijo: «El noventa por ciento de la sabiduría es ser sabio en cuanto al tiempo».

El hecho de que está leyendo este libro demuestra que quiere crecer, llegar a algo. Como la mayoría de nosotros, quiere llegar a su meta lo antes posible. Pero no olvide que demasiado rápido es tan inoportuno como demasiado lento. La situación que parece urgente casi nunca lo es. La prisa retarda todo sueño y abre la puerta al fracaso. «Mientras más prisa, menos rapidez» (John Heywood).

Es más importante saber a donde va que ver cuán rápido puede llegar. «Las personas impacientes siempre llegan muy tarde» (Jean Dutourd). Nos deshacemos por la impaciencia.

Una de las causas más frecuentes del fracaso de hombres capaces es la impaciencia en esperar los resultados. «La prisa de un necio es la cosa más lenta en el mundo» (Thomas Shadwell). El que está apurado demuestra que lo que hace es demasiado grande para él. La impaciencia es la gran búsqueda de un dolor de cabeza.

«Hay un tiempo para dejar que las cosas sucedan y un tiempo para hacer que las cosas sucedan» (Hugh Prather). Eso es lo que quiere decir Eclesiastés 3.1, cuando dice: «Todo tiene su tiempo, y todo lo que se quiere debajo del cielo tiene su hora». La vida se vive por etapas, lo cual significa que debemos hacer cosas diferentes en momentos distintos. Haga la cosa debida en el momento debido. Un proverbio chino dice: «Nunca deje su sembrado en la primavera ni su casa en el invierno». Dios nunca envía un invierno sin que le siga el gozo de la primavera, el crecimiento del verano y la cosecha del otoño.

Sea bueno en terminar y nunca divulgue una victoria prematuramente. El mayor asesino de los sueños es la prisa, el deseo de alcanzar algo antes del momento oportuno.

GEMA #18

Impartidores de ímpetu.

1. Selección
2. Compromiso
3. Sueños
4. Fe
5. Oración
6. Acción
7. Enfoque
8. Pequeños pasos
9. Escuchar
10. Creatividad
11. Estar solo
12. Sabiduría
13. Celo
14. Propósito
15. Posición
16. Talentos
17. Palabra
18. Buenos amigos

19. Cambio

20. Perdón

21. Corazón puro

22. Buen espíritu

23. Excelencia

24. Agradecimiento

25. Amor

26. Persistencia

27. Dar

28. Prioridades

29. Riesgo

30. Visión

31. Compasión

32. Obediencia

33. Ser un siervo

34. Entrega

35. Gozo

36. Sinceridad

37. Carácter

GEMA #19

No se meta en su propio camino.

Esta es la primera regla para ganar: No se autoaniquile. Su mayor enemigo es usted. Cuando se mete en su propio camino, actúa como un viejo refrigerador, que poco a poco se llena de hielo, lo cual, si no se controla, reduce su eficacia considerablemente.

«Jamás he conocido a alguien que me cause más problemas que yo» (Dwight L. Moody). La primera y mejor victoria es conquistarse a uno mismo. Todas las batallas importantes se libran en su interior.

A menudo hace más falta un cambio de ser que un cambio de escena. Le doy un consejo bueno: «Usted es el único que se limita; usted es el único que puede bloquear su propio camino... solo usted puede ayudarse. No hay nadie que le pare sino usted mismo».

Cuando se encuentre en su propio camino, siempre esperará con inseguridad y temerá con seguridad. Hable con su crítico interno. «Si quiere quitar su mayor obstáculo, entienda que ese obstáculo es usted mismo y que ahora es el momento de actuar» (Nido Cubein).

Debe comenzar a verse llegando a ser la persona que quiere ser. «Deje que el hombre que usted quiere ser vea el hombre que usted es» (Edgar Guest). Cambie lo que se dice. «Nadie en realidad sabe lo suficiente para ser un pesimista» (Norman Cousins).

Recuerde: «Una de las cosas lindas de los problemas es que muchos de ellos solo existen en nuestra imaginación» (Steve Allen). El temor que más le afecta está dentro de usted y solo ahí.

Hay dos fuerzas batallando dentro de nosotros. Una dice que no se puede, y la otra dice que con Dios sí se puede. «No conquistamos la montaña, sino a nosotros mismos» (Sir Edmund Hillary). El problema básico que la mayoría de las personas tiene es que no hacen nada para resolver su problema básico. El problema es que elaboran un caso en contra de ellos mismos.

«No se meta en su propio camino» (David Blunt).

GEMA #20

Caminos sin obstáculos no llegan a nada.

Para llegar a la tierra prometida, tendrá que pasar por el desierto. Todos nos enfrentamos a obstáculos, problemas y retos en nuestros caminos. Una de las decisiones más importantes que tomamos es cómo respondemos a ellos y los vemos. Mire lo que dice la Biblia sobre los problemas: «Amados hermanos, ¿están ustedes afrontando muchas dificultades y tentaciones? ¡Alégrense, porque la paciencia crece mejor cuando el camino es escabroso! ¡Déjenla crecer! No huyan de los problemas! Porque cuando la paciencia alcanza su máximo desarrollo, uno queda firme de carácter, perfecto, cabal, capaz de afrontar cualquier circunstancia» (Santiago 1.2-4, *La Biblia al día*).

Un hombre con veinte retos tiene el doble de viveza que uno con diez. Si no tiene retos, debe arrodillarse y decir: «Señor, ¿ya no confías en mí?» Qué importa que tenga problemas. ¡Eso es bueno! ¿Por qué? Porque constantes victorias sobre sus problemas son los escalones hacia el éxito. Dé gracias por sus problemas porque si fueran menos difíciles, alguien con menos habilidades tendría su trabajo.

«Un hombre de éxito jamás verá el día que no contribuya con una fresca cuota de problemas, y la marca del éxito es lidiar con ellos con eficacia» (Lauris Norstad). James Bilkey observó: «Nunca será la persona que puede ser si la presión, la tensión y la disciplina se eliminan de su vida». No se permita desalentarse por demoras temporales. Si comienza a encontrarse con algunos obstáculos en el camino, no se preocupe. Por lo menos no está en un bache. Las circunstancias no lo deben dominar.

Uno siempre puede medir a un hombre por la cantidad de oposición que se requiere para desalentarlo. Cuando las aguas comiencen a subir, suba con ellas. Vaya por encima, no debajo. Bernie Siegal escribió: «Los obstáculos en nuestro camino pueden ponchar nuestras llantas espirituales. Las interrupciones en nuestras vidas parecen ser un desastre cuando llegan, pero terminan cambiando la dirección de nuestras vidas en una manera significativa».

La verdad es que si descubre un camino sin obstáculos, es probable que no le conduzca a un lugar importante. La adversidad del hombre siempre es la oportunidad de Dios. La adversidad da a luz a la oportunidad. Jesús dijo: «En este mundo tendrán sufrimiento. Pero ¡cobren ánimo! Yo he vencido al mundo» (Juan 16.33, *NVI*).

«¿Cuál es la diferencia entre un obstáculo y una oportunidad? Nuestra actitud. Cada oportunidad tiene una dificultad, y cada dificultad una oportunidad», dijo J. Sidlo Baxter. Lou Holtz dice: «Enséñenme a alguien que ha hecho algo que valga la pena, y yo les enseñaré a alguien que ha vencido la adversidad». Muchas personas tienen buenas intenciones, pero entonces algo malo pasa y simplemente se detienen. Cada senda tiene un charco, pero esos charcos pueden ser la manera que Dios nos dice dónde pisar.

Recuerde, el viaje vale la pena cuando se va por el buen camino. Si usted solo reconociera que la vida es difícil, las cosas le serían mucho más fáciles. Norman Vincent Peale señaló: «Cada problema contiene la semilla de su propia solución. Si no tiene problemas, no consigue semillas». Prepárese para las emergencias. ¡Son su gran oportunidad! Viva de tal manera que pueda decir: «¡Gracias a Dios he tenido una vida llena de retos!»

GEMA #21

No se mida con el saco de otro.

«Cada hombre debe hacer dos cosas solo», dijo Martín Lutero. «Debe creer por sí mismo y morir por sí mismo». Cuando se compara con otros, llegará a ser o amargo o vanidoso porque siempre habrán personas mejores o peores que usted. Compararse a otros es un camino seguro hacia la frustración. Pero una comparación nunca comprueba nada. «No puede limpiar su propio terreno a la vez que cuenta las piedras en la finca de su vecino» (Joan Welch). «Puede ser que la hierba del otro lado de la cerca sea más verde, pero es probable que también haya más para cortar» (Lois Cory). Las lomas se ven pequeñas y verdes desde lejos.

Qué desperdicio más grande de energía, tiempo y esfuerzo es comparar su nivel y plan con los de otras personas. Me quedé sorprendido hace poco cuando oí de un viejo amigo del que no sabía hacía tres o cuatro años. Me dijo que se sentía peor en cuanto a su vida debido a algunas cosas que yo había logrado. No pude evitar sentirme perplejo ante su comentario, así que le pregunté: «¿Quieres decirme que te sentirías mucho mejor si me hubiera ido bien mal los últimos tres o cuatro años?» Bueno, me dijo que no, por supuesto. El éxito en la vida de otro no elimina las posibilidades de éxito en la de usted.

La vida es más divertida cuando uno no apunta los tantos de los demás. El éxito en realidad es simplemente una cuestión de hacer lo que uno hace mejor sin preocuparse de lo que el otro va a hacer. Usted lleva el éxito o el fracaso por dentro. No depende de las condiciones externas.

Hágase esta pregunta que presentó Earl Nightingale: «¿Le motiva lo que más quiere en la vida o lo que quieren las masas?» Asegúrese de decidir lo que más quiere, no lo que otro quiere para usted. Dice usted: «Soy bueno, pero no tan bueno como debo ser», o dice: «No soy tan malo como muchas otras personas». Mientras más se fije en la debilidad de otro, más afectará su mente con la infelicidad. Tiene que crear su propio sistema y plan, o será esclavo de los de otro.

Cada persona que se lima para acomodarse a todo el mundo terminará desgastado. Solo debe comparar su nivel y plan con la voluntad de Dios para su vida.

Si mil personas dicen algo necio, sigue siendo algo necio. La dirección de Dios nunca depende de la opinión pública. El hombre sabio toma sus propias decisiones; el hombre ignorante sigue la opinión pública. No piense que sin dudas anda en el buen camino porque sigue uno bien trillado. El mayor riesgo en la vida es esperar en los demás y depender de ellos para su propia seguridad. No se mida con el saco de otro. No se juzgue con los ojos de otro.

GEMA #22

Invierta en otros.

Una de las mejores decisiones que puede tomar es buscar oportunidades de invertir en otros. Para mí, esto ha sido uno de los más poderosos principios del ímpetu que he implementado en mi vida. Hace alrededor de diez años recuerdo que conducía hacia Tulsa, Oklahoma, desde St. Louis con mi familia. Escuchaba un casete de Zig Ziglar y él decía: «Siempre tendrá todo lo que desea en la vida si ayuda a otras personas a conseguir lo que quieren». Cuando oí esto, algo se prendió dentro de mí y dije en voz alta: «Voy a hacerlo». Esa decisión de buscar maneras de ayudar a otros, de invertir en ellos, cambió mi vida.

Creo que una de las marcas de la verdadera grandeza es desarrollar grandeza en otros. «Hay tres aspectos clave para un vida más abundante: preocuparse por los demás, atreverse por los demás y compartir con los demás» (William Ward). He descubierto que los hombres que en realidad son grandes tienen una perspectiva única: La grandeza no se les depositó en ellos para quedarse ahí, sino para fluir de ellos a otros. «Nos ganamos la vida con lo que obtenemos, pero hacemos una vida con lo que damos» (Norman Mac-Ewan). Propóngase hacer feliz a los demás y así se dará un regalo.

La gente tiende a llegar a ser lo que usted les aliente ser. Ralph Waldo Emerson observó: «Confía en los hombres y ellos le serán fieles; trátalos con grandeza y mostrarán grandeza». Acostúmbrese a levantar a la gente y no a aplastarla. Goethe aconsejó: «Trate a las personas como si fueran lo que deben ser y ayúdelas a ser lo que son capaces de ser».

Engrandecemos cualquier cosa que alabamos. No hay inversión que le pague mejor que el esfuerzo por difundir luz y buen ánimo a otros a través de su jornada. «El que rinde servicio leal en una posición humilde será elegido para responsabilidades mayores, así como al siervo bíblico que multiplicó una mina que le dio su señor se le concedió autoridad sobre diez ciudades (B.C. Forbes).

Hay dos tipos de personas en el mundo: los que entran en un cuarto y dicen «¡Aquí estoy!», y los que entran y dicen «¡Ahí estás!» ¿Cómo se reconoce a un buen hombre? Un buen hombre hace bueno a los demás. Encuentre la felicidad ayudando a otros.

«Lo que realice para los demás, Dios lo realizará para usted» (Mike Murdock). La Biblia lo dice de esta manera: «Sabiendo que el bien que cada uno hiciere, ese recibirá del Señor, sea siervo o sea libre» (Efesios 6.8). Una buena obra produce intereses. No puede alumbrar el camino de otro sin alumbrar el suyo. Desarrolle la grandeza en otros.

«No hay labor más noble en el mundo que apoyar a otro ser humano, ayudar a otro a tener éxito (Allan McGinnis). «El verdadero significado de la vida es sembrar árboles bajo cuya sombra usted no espera sentarse» (Nelson Henderson). El mejor empleo de su vida es usarlo en algo o alguien que durará más que usted. «Si usted no puede ganar, obligue al que está ganando a superar la marca» (Jan McKeithen). Invierta en otros. Paga dividendos buenísimos.

GEMA #23

Uno no aprende nada cuando habla.

Una de las mejores maneras de persuadir a los demás es escuchándolas. Usted descubrirá que un chismoso le habla acerca de otros, un latoso le habla acerca de sí mismo y un conversador brillante le habla acerca de usted y luego escucha su respuesta. Uno no aprende nada mientras habla. La verdad es que mientras más diga, menos recordarán la gente.

«Ten la boca cerrada y te librarás de problemas» (Proverbios 21.23, *La Biblia al día*). Un hombre se le conoce porque guarda silencio. No pierda muchas oportunidades valiosas de callarse la boca y oír lo que la otra persona dice. Cuando no tenga nada que decir, no diga nada. El silencio es un amigo que jamás lo traicionará.

La mejor habilidad que puede desarrollar es la de escuchar a otros. «Sabio es el hombre de pocas palabras y voluntad resuelta; por lo tanto, hasta el necio se le tiene por sabio cuando calla. Vale la pena que tenga la boca cerrada» (Proverbios 17.27,28, *La Biblia al día*).

Las palabras valen poco porque es mayor la oferta que la demanda. «En la vida tendrá muchas oportunidades de cerrar la boca. Aprovéchelas todas» (*West Virginia Gazette*). Por alguna razón Dios hizo que los oídos se quedaran abiertos y la boca se pudiera cerrar. El hombre que crece en edad y sabiduría habla menos pero dice más.

Aprenda a escuchar. A veces la oportunidad toca la puerta ligeramente. Encontrará que Dios hablará por el hombre que controla su lengua. Hay solo una regla para ser un buen coversador: aprenda a escuchar.

Sea un buen oyente. Las muchas palabras siempre contienen errores. Sus oídos nunca le meterán en dificultades. Uno de los principios que puede implementar en su vida es el de escuchar a otros. Proverbios 10.19 dice: «No hables tanto; continuamente te pones en ridículo. Sé inteligente; deja la habladuría» (*La Biblia al día*).

GEMA #24

No permita que las cosas se le peguen.

Después de tener el privilegio de conocer a cientos de personas en los últimos años, una cosa que siempre se ha destacado en mi mente es que muchas tienen cosas pegadas a ellas. Por ejemplo, hay quienes permiten que una crítica que le hizo su maestra de tercer grado, un fracaso o error cometido hace diez o quince años, o los comentarios que un vecino negativo hizo la semana anterior frenen su éxito. Es tonto el hombre que se guía por todo lo que oye. No todos tienen el derecho de hablarle a su vida. No todas las palabras requieren una respuesta. Uno de los principios más poderosos que puede aplicar para adquirir ímpetu es no permitir que las cosas se le peguen.

Creo sinceramente que uno de los mayores beneficios de pedir perdón de Dios es que las cosas ya no se nos «pegan». Él dice que si confesamos nuestros pecados, Él es fiel y justo para perdonar nuestros pecados. Pero increíblemente, Dios no para con eso (y eso sería bastante), sino que promete limpiarnos de toda injusticia (véase 2 Pedro 2.13). Cuando nos limpia de toda injusticia, nos da una buena posición ante el Padre. ¿Por qué? No quiere que nada se nos pegue. Cuando hemos recibido una buena posición ante el Padre, nos libramos de los fracasos y los errores, las palabras y las malas actitudes del pasado, y nos declaran absueltos y libres para lograr cosas en el futuro.

No se preocupe si no obtiene lo que cree que le hace falta. Lo que parece muy necesario hoy quizás ni lo desee mañana.

Paul Harvey tenía razón cuando dijo: «En tiempos como estos es bueno recordar que siempre han habido tiempos como estos». Si pudiéramos olvidar nuestras dificultades con la facilidad que olvidamos nuestras bendiciones, las cosas serían muy distintas.

Una manera de ser libre de las cosas que se le quieren pegar es quitando la mente de lo que parece estar en contra de uno. Pensar en estos factores negativos simplemente se les confiere un poder que en realidad no poseen. Hablar de sus penas solo añade a esas penas.

Péguese al perdón, al plan y la Palabra de Dios. Verá cómo se librará de esas situaciones que antes eran «pegajosas».

GEMA #25

Sea el primero en perdonar.

Vivir sin perdonar es como dejar el freno de emergencia puesto mientras conduce su auto. Le hace ir más lento y perder el ímpetu. Uno de los lujos más costosos que puede poseer es la falta de perdón hacia alguien. El resentimiento bien arraigado en su vida devora su paz interior como un cáncer letal destruye un órgano vital. Es más, hay pocas cosas tan patéticas y terribles como contemplar la persona que ha guardado algún resentimiento u odio por muchos años.

La carga más pesada que se puede llevar sobre la espalda es un bulto de resentimientos. Así que si quiere viajar rápido y lejos, hágalo con pocas cosas. Saque del bulto sus envidias, celos, rencores, deseos de venganza y temores.

Jamás rechace el perdón ni la oportunidad de perdonar. Los débiles nunca perdonan porque el perdón es una característica de los fuertes. Cuando vive sin perdonar, la venganza es la consecuencia natural. Pero la venganza es mentirosa. Se ve dulce, pero casi siempre es agria. Siempre cuesta más vengarse por algún mal que soportarlo. Nunca ganará si solo trata de igualar la puntuación de alguien.

Sea el primero en perdonar. El perdón puede ser su más profunda necesidad y mayor logro. Sin el perdón, la vida es dirigida por un ciclo interminable de resentimientos y represalias. Qué pérdida de esfuerzo más horrible. «El que no ha perdonado a un enemigo jamás ha gustado de uno de los placeres más sublimes de la vida», declara Johann Lavater.

Perdonar a los que le han hecho daño es una clave para la paz personal. Lo que el mundo necesita es aquella paz que sobrepasa todo malentendimiento. El perdón le desata para la acción y la libertad.

No corte lo que se puede desatar. No queme puentes. Le sorprenderá las veces que tendrá que cruzar ese mismo río. La falta de perdón es vacía, pero el perdón hace que el futuro sea posible. Comenzará el día con el pie derecho si cada día se pregunta: «¿A quién debo perdonar?»

GEMA #26

Cada día le rondan ideas que valen un millón.

A veces cuando conduzco por diferentes partes de la ciudad donde vivo, no puede evitar fijarme en la vasta variedad de negocios. A menudo me detengo y pienso: «Ese es el sueño de alguien, su idea única, su oportunidad que vale un millón». Creo que cada día nos rondan oportunidades e ideas importantes. Es más, Ralph Waldo Emerson dijo: «Dios esconde las cosas poniéndolas cerca de nosotros».

Las mejores oportunidades e ideas están escondidas cerca de usted. La Biblia dice: «De la misericordia de Jehová está llena la tierra» (Salmo 33.5). Cada día puede ver mil milagros a su alrededor, o puede no ver nada. Su gran oportunidad quizás esté exactamente donde usted está ahora.

Sus posibilidades no tienen límites. En cualquier momento tiene más posibilidades que las que puede utilizar. Demasiadas personas se pasan la vida dedicadas solo a resolver problemas sin reconocer las oportunidades.

¿Dónde podemos oír la oportunidad tocando a la puerta, y cómo podemos responder a ese toque? Charles Fillmore respondió: «Siempre hay oportunidades en todas partes, como siempre han habido». Earl Nightingale dijo: «Usted está, ahora mismo, parado en el medio de sus propios «acres de diamantes». También señaló: «Donde haya peligro, está escondida la oportunidad; donde haya oportunidad, está escondido el peligro. Los dos son inseparables. Van juntos».

Una persona de éxito «siempre tiene un número de proyectos planeados a los que mira con antelación. Cualquiera de ellos pudiera cambiar el curso de su vida de un día para otro» (Mark Caine). ¿Oportunidades? Están a nuestro alrededor. Hay oportunidades latentes en todas partes esperando que el ojo observador las descubran. Vea las mismas cosas que los demás, pero vea algo diferente.

Las estrellas brillan constantemente, pero no las vemos hasta que oscurece. Lo mismo es cierto en cuanto a las oportunidades. Es verdad lo que dijo Pogo: «Caballeros, nos rodean oportunidades insuperables».

GEMA #27

Impedimentos del ímpetu.

1. Indecisión
2. Quejas
3. Temor
4. Preocupación
5. Remordimiento
6. Obstáculos
7. El pasado
8. Coartadas
9. Excusas
10. Tradición
11. Envidia
12. Crítica
13. Amistades perjudiciales
14. Errores
15. Falta de perdón
16. Dilación
17. Distracciones
18. Mentir

19. Dimitir

20. Doble ánimo

21. Vacilación

22. Hablar

23. Fracasos

24. Demoras

25. Celos

26. Impaciencia

27. Falta de propósito

28. Desobediencia

29. Contiendas

30. Mal manejo

31. Conformidad

32. Falsedad

33. Ingratitud

34. Seguridad

35. Tibieza

GEMA #28

No hay nada como un verdadero amigo.

La elección de sus mejores amigos y socios es una de las decisiones más importante que hará en el curso de su vida. «Usted es el mismo hoy que será en cinco años con la excepción de dos cosas: las personas con que se asocia y los libros que lee» (Charlie «Tremendous» Jones). La Biblia dice que si usted se asocia con los sabios, llegará a ser sabio, pero que un compañero de necios será quebrantado (véase Proverbios 13.20). Usted llegará a ser como las personas con las que se asocia de cerca.

«Las amistades en su vida son como columnas en su portal: A veces le apoyan; a veces se apoyan en usted; a veces es suficiente saber que están paradas ahí» (Anónimo). «Hierro con hierro se aguza; y así el hombre aguza el rostro de su amigo» (Proverbios 27.17). Un verdadero amigo es alguien que, cuando uno se pone en ridículo, le permite olvidar. Las buenas amistades multiplican nuestro gozo y dividen las tristezas.

He hallado que los mejores amigos son los que producen lo mejor en uno. Un verdadero amigo es alguien que está con uno aun cuando preferiría estar en otro lugar. «En todo tiempo ama el amigo, y es como un hermano en tiempo de angustia» (Proverbios 17.17). Creo que debemos siempre estar reparando nuestras amistades.

Un buen amigo solo le bloquea el camino cuando usted va cuesta abajo. Un buen amigo llega cuando los demás se van. Con los mejores amigos puede atreverse a ser usted mismo. Uno puede soñar en voz alta ante un amigo. Para mí, mis mejores amigos son los que entienden mi pasado, creen en mi futuro y me aceptan tal como soy.

Los peores amigos, a diferencia de los mejores, estimulan lo peor, no lo mejor, en uno. Usted sabe a qué tipo me refiero. Son la clase de personas que absorben los rayos del sol y difunden la oscuridad. Son personas que siempre inventan razones porque usted no puede hacer lo que quiere. Páselos por alto. La Biblia dice en Proverbios 25.19: «Confiar en un hombre indigno es como masticar con una muela cariada o tratar de correr con un pie fracturado» (*La Biblia al día*). Un día separado de las malas relaciones es como un mes en el campo. Mark Twain escribió: «Aléjese de las personas que tratan de minimizar sus ambiciones. Personas pequeñas siempre hacen eso, pero las que en realidad son grandes le hacen sentir que usted también puede llegar a ser grande». Nunca tenga un compañero que lo eche en la sombra.

Un verdadero amigo no se compadece de sus debilidades, sino que le ayuda a aumentar sus fuerzas. Las asociaciones se basan o en los mismos intereses o en los problemas mutuos. Asegúrese de establecer la diferencia.

Un amigo es alguien que sabe todo acerca de usted pero aun así lo quiere. «Trate a sus amigos como lo hace con sus mejores fotografías y póngalos en la mejor luz» (Jennie Churchill). Un verdadero amigo seguirá con usted hasta el fin cuando otros creen que usted ya llegó al fin. Los amigos comunican de corazón a corazón. No hay nada como un verdadero amigo.

GEMA #29

Busque diamantes, no mariposas.

Una de las estrategias principales del diablo para impedir nuestro ímpetu es usar distracciones para evitar que nos enfoquemos en el plan que Dios tiene para nosotros. Determine lo que en realidad quiere y lo que Dios quiere para usted. Así dejará de buscar las mariposas y se ocupará de excavar para encontrar diamantes.

Fíjese más en las cosas que dan resultados positivos en su vida que en las que le causan problemas. A menudo la gente dedica la mayoría de su esfuerzo, tiempo y atención a esas cosas que jamás van a ser productivas en sus vidas. «Si un hombre pudiera tener la mitad de sus deseos, doblaría sus problemas» dijo Benjamín Franklin.

Limpie su mente de las cosas que están fuera de su control para enfocarse y trabajar en sus metas para el día. Siempre se perderá si trata de encontrar una camino alternativo para el angosto. «Él guardará en perfecta paz a cuantos confían en Él, y cuyos pensamientos buscan a menudo al Señor» (Isaías 26.3, *La Biblia al día*). «La mayor tragedia de la vida es perder a Dios sin darse cuenta» (F.W. Norwood).

Las palabras de los demás serán una de las distracciones principales que se usarán para poner dificultades. Si hace solo una vez algo que otros decían que no podía hacer, nunca más le prestará atención a sus limitaciones. Si deja que otros le paren, lo harán.

Cuando se deja distraer por el temor y la duda que otros quieren traer a su vida, tendrá un oído presto a las malas noticias y unos ojos que se fijan en los problemas con anticipación. Será un gran inventor de cosas que nunca pasarán. Jesús dijo: «El que se deja distraer de la obra que yo tengo para él no es apto para el reino de Dios» (Lucas 9.62, traducción libre de la versión *The Living Bible*).

Concéntrese en una sola cosa en cada oportunidad y descarte cualquier influencia que no tenga que ver con la tarea pendiente. George Bernard Shaw dijo: «Las personas siempre le echan la culpa a las circunstancias por quienes son. No creo en las circunstancias. Los que logran algo en este mundo son los que se levantan y buscan las circunstancias que les gustan o, si no las hallan, las crean». Cuando usted se concentra, el resto del mundo no le puede distraer. «Mira rectamente. No vuelvas la cabeza. Cuídate. Manténte en la senda y estarás a salvo» (Proverbios 4.25-26, *La Biblia al día*).

GEMA #30

Nada grande se crea de repente.

Una de las oraciones comunes que hago por los demás (y por mí) es esta: «Señor, te pido que envíes pequeñas oportunidades a través de sus caminos para hacer lo que tú los has llamado a hacer». Cuando somos fieles en esas pequeñas oportunidades, Dios nos dice: «Has sido fiel con esta pequeña porción ... así que ahora te daré muchas más responsabilidades. Comienza las tareas maravillosas que tengo asignadas para ti» (Mateo 25.21, traducción libre de la versión *The Living Bible*).

Las personas que se creen muy grandes para hacer cosas pequeñas quizás son demasiado pequeñas para que se les pida hacer cosas grandes. Las pequeñas oportunidades a menudo son el comienzo de grandes empresas.

Nada grande se crea de repente. Nada se puede hacer si no es poco a poco. Nunca decida que no va hacer nada solo porque no puede hacer más que un poquito. Dentro de ese poquito está una gran oportunidad. Las cosas pequeñas marcan una gran diferencia; por lo tanto, haga todo lo necesario para tener éxito en cosas pequeñas.

Jamás hará cosas grandes si no puede hacer cosas pequeñas de una manera grande. Todas las cosas difíciles tienen su comienzo en algo fácil, cosas grandes en algo pequeño. Una de las mayores diferencias entre las personas con ímpetu y las que no lo tienen es que los que sí lo tienen le prestan atención a sus pequeñas ideas y oportunidades.

El valor para comenzar es el mismo que se requiere para tener éxito. Ese valor separa a los que sueñan de los que logran. El comienzo es la parte más importante de cualquier empresa. Peor que el remolón es el que teme comenzar. El noventa por ciento del éxito es llegar y comenzar. Quizás se sienta decepcionado si fracasa, pero no tiene esperanza si no lo intenta.

No se deje engañar: el conocimiento acerca de un camino jamás sustituirá la acción de poner un pie delante del otro. Sienta la emoción de ir paso a paso. Robert Schuller lo resume así: «Ganar comienza con empezar». El primer paso es el más difícil. «Por eso es que muchos fallan... porque no comienzan, no van. No vencen la inercia. No inician» (W. Clement Stone).

Atrévase a comenzar. Ninguna empresa es peor que la que no se intentó. Usted no sabe lo que puede hacer hasta que lo intenta. Las personas, como lo árboles, o crecen o se secan. No se puede quedar inmóvil. Haga lo que pueda. «Siempre le toca el siguiente movimiento» (N. Hill).

GEMA #31

Nadie se defrauda más que el hombre egoísta.

Para crecer hay que dar. He aquí un simple pero contundente principio: Siempre dé a las personas más de lo que esperan. «Y a cualquiera que te obligue a llevar carga por una milla, ve con él dos» (Mateo 5.41). Dé más de lo que esperan y hágalo con alegría. «Si hay mejor forma de medir a un hombre que por lo que hace, debe ser por lo que da» (Robert South).

Es una ley universal: tenemos que dar para recibir. Al dar a otros será bendecido. La cosecha del dador siempre está llena. Para recibir, dé. Los receptores no reciben. Los *dadores* reciben. Cuando se da a usted mismo, recibirá más de lo que da.

Nos cansamos de esos placeres que tomamos, pero no de los que damos. Las personas que siembran semillas de bondad tendrán una cosecha perpetua. Sea más bondadoso de lo que es necesario. La bondad es algo difícil de regalar. Se lo siguen devolviendo. Proverbios 11.17 dice: «Cuando te muestras benigno, tu alma se vigoriza; tu crueldad, en cambio, la mata» (*La Biblia al día*).

Una buena manera de dar es a través de las palabras de aprecio. Un halago es como un rayo de sol. «¡Cuán eficaces son las palabras rectas!» (Job 6.25). Así que no se limite en cuanto a ofrecer palabras de aprecio, sobre todo cuando las personas que le rodean las merecen. ¡A quién no le gusta que lo halaguen! Busque bien la manera de hacerlo. Las palabras buenas que da valen mucho y cuestan poco.

Lo que no puede dar no es suyo. Usted le pertenece. Recuerde que lo que dé le traerá más placer que lo que recibe. Si es egoísta, se hallará rodeado al norte, sur, este y oeste por usted mismo. Nadie se defrauda más que el hombre egoísta.

Dios es un dador. Así que sea como Él y haga cosas buenas para todo el mundo. Prepárese para dar en un instante porque cuando da rápido, es como dar dos veces. Dar puede convertirse en un buen hábito.

«El hombre que usa su habilidad e imaginación constructiva para ver cuánto puede dar por un dólar en vez de cuánto puede dejar de dar está seguro de tener éxito» (Henry Ford).

GEMA #32

Escoja un problema más grande que usted.

Muchos buscan problemas que tengan su mismo tamaño y pasan por alto o le dejan a otro los problemas mayores o menores. Escoja un problema más grande que usted. «En cualquier empresa, el éxito, el verdadero éxito, requiere más de un individuo que la mayoría de las personas están dispuestas a dar, pero no más de lo que son capaces de ofrecer» (James Roche).

El deseo de la seguridad va en contra de todo gran y virtuoso sueño. La seguridad es el primer paso hacia el estancamiento. El problema con este mundo es que demasiadas personas tratan de atravesar la vida con un guante de receptor en cada mano.

Una visión audaz es de primera, segunda y tercera importancia. El que no se atreve a hacer algo no debe esperar nada. «El que está satisfecho con lo que ha logrado nunca será famoso por lo que podría hacer» (Christian Bovee). Si ha logrado todo lo que tenía planeado, no planeó lo suficiente.

Déjese usar para un propósito poderoso. Atrévase a hacer lo que es bueno para usted. Elija una meta por la cual está dispuesto a ofrecer una parte de su vida. La manera más segura de alcanzar la felicidad es entregarse a una causa más grande que usted mismo. No será feliz si no trata de alcanzar algo más allá de usted mismo.

«Es difícil decir qué es imposible porque el sueño de ayer es la esperanza de hoy y la realidad de mañana» (Robert Goddard). Cada gran acción es imposible cuando se emprende. Solo después que se logra parece posible para el hombre normal. Para los pensadores pequeños, todo parece ser una montaña. Las cosas más grandes son, en cierto sentido, las más fáciles de lograr porque casi no hay competencia.

Estar muy satisfecho con uno mismo es una segura señal de que su progreso está a punto de terminar. Si está lo bastante autosatisfecho, mejor que cambie sus ideales. «Cuánto mejor es saber que nos hemos atrevido a realizar nuestros sueños que vivir en un letargo de remordimiento» (Gilbert Caplin). «La moderación es algo fatal. Nada tiene más éxito que el exceso» (Oscar Wilde).

Jamás triunfará más allá de sus más atrevidos sueños a menos que tenga algunos sueños atrevidos.

GEMA #33

¿Qué da resultados? Siga adelante.

El que llegó a donde está tuvo que comenzar donde estaba. Solo una persona en mil sabe cómo de veras vivir en el presente. Nuestro problema es que casi nunca pensamos en lo que tenemos, sino en lo que nos falta.

El fracasado desea hacer cosas que no puede hacer. Piensa poco en lo que puede hacer. Lo que usted *puede* hacer... lo puede *hacer*.

«No necesitamos más fuerzas ni habilidades ni oportunidades. Lo que necesitamos es usar lo que tenemos» (Basil Walsh). La gente siempre pasa por alto algo que puede hacer e intenta hacer algo que no puede hacer. Aprender cosas nuevas no ayudará a la persona que aun no usa lo que ya sabe. El éxito significa hacer lo mejor que podemos con lo que tenemos.

Norman Vincent Peale dijo: «Todos hemos oído que debemos aprender de nuestros errores, pero creo que es más importante aprender de nuestros éxitos. El que solo aprende de sus errores, está inclinado a aprender solo errores». Algunas personas se pasan la vida entera fracasando y ni se dan cuenta.

El problema principal con no hacer nada es que nunca sabe cuándo ha terminado. Cuando acabe de mejorar, terminó. Use lo que se le ha dado y recibirá más. Nunca se quede satisfecho con las cosas. «Las oportunidades se multiplican cuando se aprovechan; mueren cuando se descuidan»

(Anónimo). «Cada techo, cuando se alcanza, se convierte en un piso sobre el que uno camina y ve un nuevo techo. Cada salida es una entrada a algún lugar» (Tom Stoppard).

«No puede controlar el clima, pero sí la atmósfera moral que le rodea. ¿Por qué se preocupa por las cosas que no puede dominar? Ocúpese de controlar lo que depende de usted» (*In a Nutshell* [En resumidas cuentas]). «Un fuerte hombre de éxito no es víctima de su medio. Crea condiciones favorables» (Orsen Marden).

El que sale adelante es aquel que hace más de lo que es necesario y sigue haciéndolo. No importa cuán difícil sea el camino, algunos siguen adelante; no importa cuán fácil sea el viaje, algunos se quedan atrás. Comience. No puede realizar su destino con lo que quería hacer.

La mejor manera de mejorar su parte es hacer su parte mejor. Edifique sobre lo que tiene.

GEMA #34

No rebaje a otros... crezca usted.

Todas las personas con ímpetu tienen un rasgo: las critican. La manera de responder a esa crítica determinará la proporción de su ímpetu. La persona que nunca le pisa los cayos a nadie es probable que esté parada. Hace poco leí un artículo principal en la revista *Time* sobre Billy Graham y me sorprendió descubrir varias críticas que le han hecho otros ministros. Fue un recordatorio de que todos los grandes hombres reciben grandes críticas. Aprendamos a aceptar y esperar las críticas injustas de nuestras grandes metas y logros. Incluso a Jesús lo criticaron repetidas veces. Si a Jesús lo criticaron, es seguro que a Billy Graham, a usted y a mí nos criticarán también.

Puede ser provechoso recibir críticas constructivas de personas que tienen nuestros mejores intereses en mente y que tienen un mismo sentir con nosotros, pero uno no tiene la responsabilidad de responder a quienes no son así. Su responsabilidad es responder a Dios. «Echa fuera al burlador, y estarás libre de tensión, discusiones y querellas» (Proverbios 22.10, *La Biblia al día*). No tome el tiempo que puede pasar con un amigo para darlo a un criticón. Me gusta lo que dijo Edward Gibbon: «Nunca cometo el error de discutir con personas cuyas opiniones no respeto».

Es mil veces más fácil criticar que crear. Por eso es que los criticones nunca resuelven problemas. Solo le tiran piedras a árboles que dan fruto. «Cualquier tonto puede criticar, condenar y quejarse, y la mayoría lo hace» (Dale

Carnegie). Mi sentir es que la persona que dice que no se puede hacer, no debe interrumpir al que lo está haciendo. Recuerde, cuando le pateen por detrás, significa que usted está adelante. Un proverbio yídich dice que un criticón es como la joven que no puede bailar y dice que la banda no sabe tocar.

Los criticones saben las respuestas sin haber sondeado las profundidades lo suficiente para saber la pregunta. Cuando una verdad milagrosa los amenaza, responden con los «hechos». «No dejen que nadie les dañe esa fe y ese gozo con filosofías erradas y huecas, basadas en tradiciones humanas y no en las palabras de Cristo» (Colosenses 2.8, *La Biblia al día*).

«El criticón es alguien creado para halagar a personas mejores que él, pero que nunca puede hallarlas» (Richard LeGallienne). Está convencido de que el propósito primordial del sol es proyectar sombras. No cree nada, pero aun quiere que usted le crea. Siempre sabe «el precio de todo y el valor de nada» (Oscar Wilde). No pierda el tiempo respondiendo a sus críticos detractores porque no les debe nada.

No rebaje a otros... crezca usted. No se convierta en criticón. «No tenemos más derecho a imponer nuestro discordante estado mental en la vida de los que nos rodean y privarlos de la luz y la brillantez del sol que al entrar en sus casas y robarles los cubiertos de plata» (Julia Seton). Al criticar a los demás, recuerde que trabajará horas extra sin cobrar. «Pues en lo que juzgas a otro, te condenas a ti mismo» (Romanos 2.1). Nunca arroje fango. Si lo hace, quizás le dé al marco, pero se le ensuciará las manos. No se convierta en nube porque no llegó a ser estrella. «Dedíquese tanto a mejorarse que no le quede tiempo para criticar a los demás» (Credo de los optimistas). Use su tiempo y energía para crear, no criticar.

Una buena cosa a recordar,
Una mejor cosa que hacer,
Trabaje con la cuadrilla de construcción,
Y no con la de demolición (Anónimo)

GEMA #35

La envidia nunca enriqueció a nadie.

Imagínese un corredor en su plena capacidad. Pasa con rapidez entre un grupo de contendientes, pero comienza a fijarse en los que compiten con él. ¿Cuál es la conclusión inevitable de esta escena? Ese corredor por lo menos disminuirá la velocidad y es probable que tropiece. La misma cosa nos pasará si permitimos que la distracción de la envidia nos vire la cabeza mientras corremos la carrera que Dios nos ha puesto por delante. En vez de romper un récord, solo rompemos el ímpetu.

La envidia dispara a los demás y se da a sí misma (Proverbio inglés). Es autocastigarse. «El hombre que codicia siempre es pobre» (Claudian). La envidia nunca enriquece a nadie. «De todas las pasiones, el celo es la que exige el servicio más duro y paga el salario más amargo. Su servicio es acechar el éxito de nuestros enemigos; su salario, estar seguro de ello» (Charles Colton).

La envidia es como morder a un perro porque un perro nos mordió. «La actitud apacible prolonga la vida del hombre; los celos la pudren» (Proverbios 14.30, *La Biblia al día*). Como el óxido consume el hierro, así la envidia lo consume todo. La envidia extingue el gozo, la satisfacción y el propósito de la vida.

Si se permite crecer, la envidia engendra el odio y la venganza. Estar enojado y vengarse es como orar al diablo. La Biblia dice: «Cuiden que nadie pague mal por mal; al contrario, procuren siempre el bien mutuo y el de todos» (1 Tesalonicenses 5.15, *La Biblia al día*). La venganza convierte un pequeño mal en uno grande.

«El amor no es ciego, pero el celo sí» (Lawrence Durrell). La envidia ve el mar pero no las piedras. «Cuando un envidioso oye que se alaba a otro, se siente herido» (Proverbio inglés). «El amor ve con un telescopio, la envidia con un microscopio» (Josh Billings). «Mirad, y guardaos de toda avaricia; porque la vida del hombre no consiste en la abundancia de los bienes que posee» (Lucas 12.15). Su vida vale demasiado para que la pierda deseando lo que otros tienen. La envidia es una sed insaciable.

Un hombre sabio no se lamenta por lo que no tiene, sino que se regocija por lo que sí tiene. Continuamente compare lo que quiere con lo que tiene, y será infeliz. Más bien compare lo que se merece con lo que tiene, y estará feliz. Decida quedarse con el amor. La envidia es una carga demasiada pesada para llevar.

MIRAR
HACIA ARRIBA

GEMA #36

Cuente las bendiciones de Dios, no las descuente.

Sea agresivamente agradecido. Un tema importante en cuanto a la vida es si uno da las cosas por sentadas o las recibimos con gratitud. La acción de gracias es la respuesta de una vida productiva. Ningún deber es más urgente que el de dar gracias. Es probable que la persona malagradecida por lo que tiene tampoco sea agradecida por la que va a recibir. La ingratitud no tiene fin.

«Las actitudes se amargan en la vida que se cierra al agradecimiento». Pronto dominan las actitudes egoístas, cerrando esa vida a cosas mejores» (C. Neil Strait). La persona que olvida el idioma de la gratitud jamás se hallará en buenas relaciones con la felicidad. La acción de gracias, según verá, creará poder en su vida porque abre los generadores de su corazón para responder con agradecimiento, para recibir con gozo y reaccionar con creatividad. William Ward habló con sabiduría: «Hay tres enemigos de la paz personal: remordimiento por los errores de ayer, ansiedad por los problemas de mañana e ingratitud por las bendiciones de hoy».

Sepa que es bendecido. Si no puede estar satisfecho con lo que ha alcanzado, dé gracias por lo que ha evitado. Déle gracias a Dios y cuente sus bendiciones en cada oportunidad. En inglés las palabras *pensar* y *agradecer* vienen de la misma raíz en latín. Si *pensamos* más, sin duda *agradeceremos* más.

Me gusta lo que dijo Dwight L. Moody: «Sea humilde o tropezará». Hay una relación entre el orgullo y la ingratitud. Henry Ward Beecher señaló: «El hombre orgulloso rara vez es agradecido porque nunca cree que recibe todo lo que merece». No sea alguien con un bien desarrollado instinto para la infelicidad. Más bien: «Ten paciencia si sufres, y nunca dejes de orar» (Romanos 12.12, *La Biblia al día*). La mejor regla es esta: lo que Dios le dé, recíbalo con agradecimiento. Si nos pasamos todo el tiempo dándole gracias a Dios por las cosas buenas, no habrá tiempo para llorar por las malas.

Busque cien cosas por las cuales estar agradecido hoy. Le garantizo que cinco ideas creativas le surgirán en base a la conversación mental que tendrá con usted mismo al hacerlo. Una de las maneras más creativas de producir ímpetu y oportunidades es sentarse y escribir una nota de agradecimiento a cincuenta personas que han influido en su vida.

Nuestra verdadera prosperidad está en ser agradecidos. Las palabras de agradecimiento son una de las fuerzas más poderosas para el bien en la tierra. Las palabras buenas no cuestan mucho, pero logran mucho. Pida esto: «Dios mío, me has dado mucho, pero dame algo más: un corazón agradecido».

GEMA #37

Nunca se puede confiar en Dios demasiado.

Muchos creen en Dios, pero no muchos creen a Dios. Uno de los lugares más increíbles en el que podemos vivir es en una posición continua de creer en Dios. «Dios nos hizo, y puede darnos el poder para hacer cualquier cosa que nos llame a ser. Negar que podemos realizar la obra de Dios no es humildad; es el peor tipo de orgullo» (Warren Wiersbe).

El hombre que pone a Dios en primer lugar verá que Dios estará con él hasta el final. «En todo lo que hagas, pon a Dios en primer lugar, y Él te guiará, y coronará de éxito tus esfuerzos» (Proverbios 3.6, *La Biblia al día*). A menos que no se incluya creer a Dios, no es digno de llamarse dirigido por Dios, porque toda dirección divina que recibimos de Dios incluye que creamos en Él.

«Dios nunca ha hecho una promesa demasiado buena para ser increíble», dijo D.L. Moody. Una de las cosas grandes acerca de creer a Dios se halla en Lucas 18.27: «Lo que es imposible para los hombres, es posible para Dios».

Se puede confiar en Dios muy poco, pero nunca se puede confiar en Él demasiado. Con la fuerza de Dios como respaldo, con el amor que Él le tiene, con sus brazos como sostén, es más que suficiente para los días que le esperan. Abraham Lincoln escribió: «Dios está de nuestro lado, pero es más importante saber que nosotros estamos de su lado».

La realidad es que el que no cree en milagros no es un realista. Mire a su alrededor. Nada es más real que los milagros. Cuando uno deja a Dios fuera, se encuentra sin ningún tipo de apoyo invisible. Los que se atreven a creer que Dios dentro de ellos es superior a las circunstancias logran cosas grandes.

Decir que algo es «imposible» siempre lo pone del lado perdedor. ¿Sabe qué pasará si sueña en grande, cree en grande, ora en grande? ¡Cosas grandes! La mayoría de las cosas que valen la pena en la historia se declararon imposibles. Lo que es posible es de nuestra absoluta responsabilidad.

La manera en que cada día le mirará comienza con quién está mirando. Mire a Dios. Crea a Dios. Cuando uno cree a Dios, ve una oportunidad en cada problema, no problemas en medio de cada oportunidad. Proverbios 16.3 tiene razón cuando dice: «Pon tus actos en las manos del Señor, y tus planes se realizarán» (*Dios habla hoy*). Josué 1.9 también dice: «Sí, esfuérzate y sé valiente, no temas ni desmayes, porque Jehová tu Dios estará contigo en dondequiera que vayas» (*La Biblia al día*).

Todas las cosas grandes tienen a Dios involucrado en ellas. Atrévase a ir con Dios más allá de lo que usted pueda ver. Si algo le beneficia, Dios se lo pondrá a su alcance. Un salmo en la Biblia dice: «No quitará el bien a los que andan en integridad». Nunca se atreva a hacer algo por lo que no tendría la convicción de pedir la bendición del cielo. Un hombre pequeño se apoya en los demás. Un gran hombre se apoya en Dios.

GEMA #38

Viva en la verdad y vivirá de verdad.

No puede hacer que lo malo resulte. Nunca persiga una mentira: si la deja tranquila, correrá sola hasta agotarse. Cualquier cosa que uno le añade a la verdad, inevitablemente sustrae de ella. Es desalentador pensar cómo hoy a las personas les sorprende más la sinceridad que la falsedad. Pero la sinceridad es esencial en la sociedad. Thomas Jefferson dijo: «La sinceridad es el primer capítulo en el libro de la sabiduría».

«Los que creen que es bueno decir "mentiritas blancas", pronto llegan a ser daltonianos» (Awson O'Malley). Nos castigamos con cada mentira y nos premiamos con cada buena acción. Una mentira añadirá a sus problemas, restará de su energía, multiplicará sus dificultades y dividirá su eficacia.

«La verdad siempre es fuerte, no importa lo débil que se vea, y la falsedad siempre es débil, no importa lo fuerte que parezca» (Marcus Antioninus). Nunca vea algo como una ventaja si le hace falta la palabra. En la guerra entre la falsedad y la verdad, la falsedad gana la primera batalla, pero la verdad gana la guerra. «Si vivimos en la verdad, viviremos de verdad», dijo Ralph Waldo Emerson.

Los mentirosos nunca son libres. La Biblia dice: «Entonces conocerán la Verdad, y la Verdad los libertará» (*La Biblia al día*). Horace Greeley observó: «La hora más oscura de la vida de cualquier hombre es cuando se sienta a planear cómo conseguir dinero sin ganárselo». Más bien «sepa desechar lo malo y escoger lo bueno» (Isaías 7.15). «La ganancia mal habida no durará; entonces ¿por qué arriesgarse?» (Proverbios 21.6, *La Biblia al día*). La realidad es que el diablo siempre desparrama la maladquirida ganancia. Cuando uno exagera la verdad, los demás se pueden dar cuenta. Si lo hace, prepárese para las repercusiones. Las promesas quebrantadas causan los peores accidentes en el mundo. La sinceridad siempre dura más. La mentira nunca llega a viejo.

«Donde ponemos la verdad, si en primer o segundo lugar, es determinante en el mundo» (John Morley). Con la escasez que hay de verdad, la oferta siempre ha excedido a la demanda. Lo malo es malo sin importar quién lo diga. La verdad no deja de existir porque se obvie, y no cambia en base a que si la cree la mayoría. La verdad siempre es el argumento más fuerte.

La verdad existe. Solo las mentiras se inventan. La verdad brilla en las tinieblas. «Jamás existe un tregua entre la virtud y el vicio. La bondad es la única inversión que nunca falla» (Henry David Thoreau).

La verdad no necesita muletas. Si esta cojea, es una mentira. Una mentira se apoya sobre una pierna, pero una verdad sobre dos. Proverbio 11.3 dice: «El hombre bueno se guía por su honradez; el malo es destruido por su vileza» (*La Biblia al día*). «Usted descubrirá que la vida es una batalla cuesta arriba para la persona que no es honrada» (Joan Welsh).

GEMA #39

Todos estamos en esto... cada cual por su cuenta.

Cada gran idea y sueño debe establecerse entre uno y Dios. Llegará el momento en que solo usted y Él creerán que se va a realizar. ¿Puede mantenerse firme solo? Hay poder en el principio de mantenerse firme solo y estar solo.

John Gardner declaró: «El cínico dice: "Un hombre solo no puede hacer nada". Yo digo: "Solo un hombre puede hacer algo"». Nadie lo puede hacer por usted. Nadie lo hará por usted. Longfellow lo dijo de esta forma: «No en las voces de las calles atestadas, no en los clamores ni aplausos de las masas, sino en nosotros mismos están el triunfo y la derrota». No puede delegar a otros su pensar, soñar ni creer.

Thomas Edison, quien insistía que pensaba mejor debido a su sordera parcial, dijo: «Los mejores pensamientos se han realizado en soledad. Los peores se han formado entre el tumulto». Aun Dios declara: «Estad quietos, y conoced que yo soy Dios» (Salmo 46.10).

Las águilas vuelan solas; los cuervos vuelan en conjunto. Aprenda a escaparse. No sea una parte tan completa de los demás que usted ya no sea suyo. La realidad es que estamos juntos en esto... nosotros solos.

Alexander Graham Bell hizo esta observación: «No se quede perpetuamente en la carretera pública. Deje los senderos bien marcados de vez en cuando y penetre en el bosque. Allí sin duda descubrirá algo que nunca ha visto antes. Un descubrimiento le conducirá a otro, y antes que lo sepa, tendrá algo en que valga la pena pensar para ocupar su mente».

Un buen tiempo solo es indispensable, pero principalmente debe ser tiempo dedicado a prepararse para regresar a la batalla. Asegúrese de pasar algún tiempo solo con regularidad.

No acepte de plano que los demás saben más que usted. Los grandes líderes siempre se han enfrentado a oposición violenta de mentes mediocres. El mayor error que uno puede cometer es creer que trabaja para otra persona. En realidad trabaja para usted mismo y para el plan de Dios para su vida.

Aprenda a estar solo y a mantenerse firme solo, o no le llegará algo que valga la pena.

GEMA #40

Confórmese fácilmente con lo superior.

Comience cada tarea pensando en cómo hacerla mejor de lo que antes se ha hecho. «Comience una cruzada en su vida para atreverse a ser lo mejor posible» (William Danforth). Conviértase en una regla de calidad. Haga lo mejor sin importar lo que piensen los demás. La mayoría de las personas no están acostumbradas a un ambiente en el que se espera la excelencia.

«Esto es algo curioso de la vida; si uno rehúsa todo menos lo mejor, casi siempre lo obtiene» (Somerset Maughan). Piense solo en lo mejor, trabaje solo por lo mejor y espere solo lo mejor. La excelencia jamás es un accidente. «Hay una forma de hacerlo mejor... descúbrala» (Thomas Edison). Siempre hay una manera excelente de hacer todas las cosas. «Considérese responsable de alcanzar normas más altas que las que se esperan de usted. Nunca se dé excusas» (Henry Ward Beecher).

«Son quienes tienen en su naturaleza esta urgente demanda por lo mejor y los que no aceptan nada menos que ello, los que alzan la bandera del progreso, los que establecen el estándar y los ideales para los demás» (Orsen Marden). «Dichoso el hombre que no cede [ni hace lo malo cuando es tentado], porque un día ha de recibir la corona de vida que Dios ha prometido a los que lo aman» (Santiago 1.12, *La Biblia al día*). La excelencia mide a un hombre por la estatura de sus ideales, la amplitud de su compasión, la profundidad de sus convicciones y la longitud de su persistencia. Las personas siempre determinarán su carácter observando las cosas por las que se levantan, caen y mienten.

La perfección, afortunadamente, no es la mejor alternativa para la mediocridad. Una alternativa más sensata es la excelencia. Luchar por la excelencia en vez de la perfección es inspirador y provechoso; las luchas por la perfección en casi cualquier cosa es frustrante e inútil. Somos lo que hacemos repetidamente. La excelencia, entonces, no es un hecho sino un hábito. «Les aconsejo que obedezcan solo la voz del Espíritu Santo. Él les dirá a dónde ir y qué hacer. Procuren no obedecer los impulsos de nuestra naturaleza pecadora» (Gálatas 5.16, *La Biblia al día*). La excelencia humana no vale nada si no actúa con el consentimiento de Dios. «La excelencia demanda que sea mejor que usted mismo» (Ted Engstrom).

Siempre existe una demanda fuerte por mediocridad fresca. No la obedezca. Más bien, confórmese fácilmente con lo superior. Porque es cuando uno ofrece lo mejor que tiene cuando se siente con más éxito. Nunca venda sus principios por la popularidad o se encontrará en la peor bancarrota. Atrévase a ser fiel a lo mejor que conozca.

GEMA #41

Mida su vida por su donación, no su duración.

«Anadie le importa cuánto uno sabe hasta que sepa cuánto uno ama» (John Cassis). La vida es como un juego de tenis. Los que no son buenos terminan perdiendo. Un hombre le preguntó al doctor Carl Menninger: «¿Qué le recomendaría a la persona que siente que está al borde de una postración nerviosa?» Casi todos esperaban que contestara «Consulte a un siquiatra». Los asombró diciendo: «Póngale pestillo a la casa, cruce las líneas del ferrocarril, busque a alguien necesitado y haga algo por esa persona».

«Nunca dejes de ser veraz y bondadoso. Aférrate a estas virtudes. Escríbelas en lo profundo de tu corazón» (Proverbios 3.3, *La Biblia al día*). «Si la vida no se vive por los demás, no vale la pena» (Madre Teresa). «Una vida egocéntrica es totalmente vacía, mientras que una vida vacía deja lugar para Dios» (Tom Haggai). Si no está satisfecho con el terreno de su vida, edifique una estación de servicio en él. Una buena manera de olvidar los problemas es ayudando a los demás a salir de los suyos.

Servir a otros nunca es altruismo del todo porque el dador siempre recibe. «Cuando te muestres benigno, tu alma se vigoriza; tu crueldad, en cambio, la mata» (Proverbios 11.17, *La Biblia al día*). Piense en las preguntas que le harán al final de su vida. Nathan Schaeffer dice: «La pregunta no será "¿Cuánto tiene?", sino "¿Cuánto dio?"»

No "¿Cuánto ha ganado?", sino "¿Cuánto ha logrado?" No "¿Cuánto tiene guardado?", sino "¿Cuánto ha sacrificado?" Será "¿Cuánto ha amado y servido?" y no "¿Cuánto le honraron?"»

«El egoísmo es la maldición más grande de la humanidad» (W.E. Gladstone). El autointerés es un fuego que consume a los demás y entonces se autoconsume. Como nueve décimas de nuestra infelicidad se debe al egoísmo, piense en términos de lo que la otra persona quiere. Es literalmente cierto que uno puede tener el mejor y más rápido éxito ayudando a otros a tenerlo.

«La vida no se mide por su duración, sino por su donación. Todos podemos ser grandes porque todos podemos servir» (Peter Marshall). Cuando uno sirve a los demás, la vida deja de carecer de sentido. «Una cosa yo sé; los únicos entre ustedes que en realidad serán felices son los que han buscado y encontrado cómo servir» (Albert Schweitzer). No se puede ayudar a otro sin ayudarse a uno mismo. «El alma generosa será prosperada; el que saciare, él también será saciado» (Proverbios 11.25).

Nadie alcanza la grandeza sin servir. Nunca extienda su mano sino está dispuesta a darla. Las raíces de la felicidad crecen con más profundidad en la tierra del servicio. La felicidad es como una ensalada de papa: cuando se comparte con otros, es un picnic. Si quiere saber si tiene una vida de éxito, pregúntese si la gente lo llamaría un siervo.

GEMA #42

Haga hoy lo que quiere dejar para mañana.

La estrategia número uno del diablo para hacernos fracasar es la dilación. Entendamos que ahora es el mejor tiempo para vivir y producir. Si quiere hacer que una tarea fácil parezca complicada, solo siga dejándola para luego. «Todos somos fugitivos y las cosas que no hicimos ayer son los sabuesos» (Prism). Joseph Newton dijo: «Una responsabilidad evitada es como una deuda sin pagar; solo se ha diferido y debemos regresar y pagar la cuenta al final». El trabajo es la mejor invención para matar el tiempo.

¿Qué nos limita? «Hay algunos que siempre estamos "al punto" de vivir. Esperamos hasta que las cosas cambien, hasta que tengamos más tiempo, hasta que estemos menos cansados, hasta que nos den una promoción, que nos estabilicemos... hasta que, hasta que, hasta que. Siempre parece como que debe ocurrir algún gran acontecimiento en nuestras vidas para que comencemos a vivir» (George Sheehan). *Uno* de estos días en realidad es *ninguno* de estos días. Ese «más tarde» nunca llega. La persona que desea, pero no actúa, provoca estancamiento. Siempre espere veneno del agua estancada.

Lo único que le espera al que anda con dilaciones es la vejez. Haga hoy lo que quiere dejar para mañana. «No permita que la ociosidad le engañe; mientras le da al día de hoy, le roba al día de mañana» (H. Crowquill). Nada es tan agotador como una eternamente pendiente tarea sin terminar. Cuando uno corre en su lugar, todo el mundo le pasa.

Cuando alguien se hace el hábito de perder el tiempo, lo más seguro es que pierda una gran cantidad que no le pertenece. «Un día, hoy, vale dos mañanas» (Benjamín Franklin). Lo que se puede hacer en cualquier momento no se hará en ninguno. «La vida es como un taxi; el taxímetro sigue contando sea que uno va a algún lugar o está esperando» (Lou Erickson). La persona de éxito hace lo que los demás nunca llegan a hacer. Lo que el necio hace al final, el sabio hace desde el principio.

La ociosidad prolongada paraliza la iniciativa. «No se quede temblando en la orilla; tírese inmediatamente y salga de eso» (Sam Slick). Mañana es el día más ocupado de la semana. Si hay que subir alguna loma, no piense que por esperar se va a achicar.

El perezoso necesitó cien pasos porque no quiso dar uno en el momento debido. Si es posible, tome la decisión ahora, aun si la acción será en el futuro. Una decisión que se ha repasado es mejor que una que se hace en el último instante. «El necio, entre todos sus pensamientos, también tiene esto; siempre se está preparando para vivir» (Epicuro). Quien pierde el tiempo rara vez logra dirigir la orquesta. Es peligroso demorarse porque siempre es mejor cosechar dos días antes que un día muy tarde. Lamentable es el hombre que espera hasta el último día.

«"Mañana viviré", dice el necio; mañana es muy tarde; el sabio vivió ayer» (Martial). «Mientras el necio disfruta lo poco que tiene, yo buscaré más. La manera de buscar más es utilizando los momentos que le sobran ... el hombre que siempre está matando el tiempo en realidad está matando sus oportunidades en la vida» (Arthur Brisbane).

GEMA #43

Concédale a Dios la misma posición en su vida que Él tiene en el universo.

La oración que hago por mí con más frecuencia está basada en el Salmo 51.10. He descubierto que esta oración ha sido clave para el ímpetu en mi vida. Dice así: «Crea en mí, oh Dios, un corazón limpio, y renueva un espíritu recto dentro de mí». Hay una seguridad, esperanza y paz sobrenatural que es el resultado de tener un corazón limpio y un espíritu recto ante el Padre.

«Los justos progresarán y marcharán adelante; los de corazón puro serán cada vez más vigorosos y fuertes» (Job 17.9, *La Biblia al día*). Un corazón puro aportará gran fortaleza a tu vida. Mantenga su corazón recto, sobre todo cuando esté herido de gravedad.

Haga lo bueno. Si no quiere el fruto del pecado, no entre en el huerto del diablo. A nadie pueden encontrar en un lugar que no visita. La maldad desenfrenada crece. La maldad que se tolera lo envenenará a usted y a todos los que ama.

Sea sincero con usted mismo. Eso, en sí, abre muchas puertas para que Dios pueda moverse en su corazón y espíritu. Reconozca a dónde el mal puede llevarlo, y entonces haga lo que tiene que hacer para permanecer libre. Mantenga su corazón puro y recibirá bendición. Jesucristo dice: «Bienaventurados los de limpio corazón» (Mateo

5.8). La Biblia también dice: «Esforzaos todos vosotros los que esperáis en Jehová, y tome aliento vuestro corazón» (Salmo 31.24).

Sea fiel y nunca se avergüence de hacer lo bueno; decida sobre lo que piensa que es bueno y manténgase firme. La desesperanza no se domina dándose uno por vencido. Se domina repartiendo. Es bueno ser importante, pero siempre es más importante ser bueno.

Ningún poder en el mundo puede rebajar a un hombre de primera clase ni elevar a uno de tercera. Siempre hay un costo alto por vivir bajo. Déle a Dios el lugar de supremacía en su corazón que ocupa en el universo. Permítale crear un corazón limpio y un espíritu recto dentro de usted. Esto le hará ser una persona con motivos puros y una buena actitud.

GEMA #44

Nunca es seguro mirar hacia el futuro con ojos de temor.

Los peores mentirosos en el mundo son sus propios temores. «La preocupación es el traidor en nuestro grupo que limita nuestro poder y debilita nuestra intención» (William Jorden). William Ward demostró la diferencia entre la fe y la preocupación. «La preocupación es la de tener fe en lo negativo, confiar en lo desagradable, esperar por el desastre y creer en la derrota ... La preocupación es un imán que atrae las condiciones negativas. La fe es una fuerza más poderosa que crea circunstancias positivas ... La preocupación es gastar el tiempo para complicar las oportunidades de mañana con los problemas de ayer» (William A. Ward).

«No se afanen por nada; más bien oren por todo. Presenten ante Dios sus necesidades y después no dejen de darle gracias por sus respuestas» (Filipenses 4.6, *La Biblia al día*). «Encomiéndenle sus ansiedades, porque Él siempre cuida de ustedes» (1 Pedro 5.7, *La Biblia al día*).

Nunca llegue a una decisión basada en el temor. La preocupación se manifiesta cuando seres humanos interfieren con el plan de Dios para sus vidas. Jamás se encuentre dándole a algo el «beneficio de la duda». La duda no tiene beneficio.

Lo que causa que la mayoría de las batallas se pierdan es el temor infundado de las fuerzas del enemigo. A. Purnell

Bailey dice que la preocupación es como una neblina: «El departamento de normas en Washington nos dice que una densa neblina que abarca siete cuadras a una profundidad de treinta y tres metros está compuesta de un poco menos de un vaso de agua. Esa cantidad de agua está dividida en 60.000.000 gotitas. ¡Casi nada! Sin embargo, cuando estas diminutas partículas descienden sobre una ciudad o campo, pueden bloquear casi toda la visibilidad. Una copa llena de preocupaciones puede hacer casi lo mismo. Nos olvidamos de confiar en Dios. Las gotitas de inquietud encierran nuestros pensamientos y nos sumergen sin visión».

Uno de los grandes descubrimientos que uno puede hacer es descubrir que puede realizar lo que temía que no podría. El temor y la autosatisfacción cierran la mente de los hombres a las ideas frescas. Cuando el temor gobierna a los hombres, se sienten incapaces de hacer los mismos cambios que lo eliminarían.

Dale Carnegie escribió: «Le preguntaron a un anciano qué le había robado el gozo de su vida. Él contestó: "Cosas que nunca pasaron". ¿Recuerda las cosas que le preocupaban hace un año? ¿Cómo salieron? ¿No es cierto que gastó mucha energía debido a ellas? ¿No es cierto que la mayoría salieron bien después de todo?»

«Dios nunca creó a un cristiano lo bastante fuerte como para llevar las cargas de hoy con las ansiedades de mañana amontonadas encima» (Theodore Ledyard Cuyler). El salmista descubrió la mejor manera de combatir el temor. «Pero cuando tenga miedo, pondré mi confianza en ti. Sí, confiaré en las promesas de Dios. Y puesto que en Él confío, ¿qué podrá hacerme el hombre?» (Salmo 56.3-4, *La Biblia al día*).

GEMA #45

Si Dios es su Padre, llame a casa, por favor.

La oración crea ímpetu. Eleva el corazón sobre los retos de la vida y le da una visión de los recursos de victoria y esperanza de Dios. La oración brinda poder, porte y paz para los propósitos, planes y pasatiempos de una persona. La energía más poderosa que alguien puede generar es la de la oración. Corrie ten Boom dijo: «El diablo sonríe cuando hacemos planes. Se ríe cuando nos ocupamos demasiado. Pero tiembla cuando oramos».

«No se afanen por nada; más bien oren por todo. Presenten ante Dios sus necesidades y después no dejen de darle gracias por sus respuestas. Haciendo esto sabrán ustedes lo que es la paz de Dios, la cual es tan extraordinariamente maravillosa que la mente humana no podrá jamás entenderla» (Filipenses 4.6-7, *La Biblia al día*). «Un día doblado con oración es menos probable que se desarme» (Anónimo). La distancia entre usted y Dios se cubre con una oración. Cuando se sienta que ha perdido el balance, caiga de rodillas. El cielo está dispuesto a recibir a todos los que oren.

«El tiempo que se pasa con Dios nunca se pierde», dice Gorden Lindsay. James Hudson Taylor lo dijo de esta manera: «No tenga el concierto y luego afine su instrumento. Comience el día con Dios». Martín Lutero en una ocasión dijo: «Tengo tanto que hacer hoy, que me voy a pasar las primeras tres horas en oración». Cuando uno ora, se conecta con la inagotable fuerza motriz de Dios.

Demasiados cristianos no oran; solo ruegan. No ruegue nada más. *Hable* con Dios. Edwin Louis Cole señala: «El anhelo nunca sustituye la oración». Recuerde que las oraciones no se contestan hasta que se ofrecen. «Por tanto, os digo que todo lo que pidiereis orando, creed que lo recibiréis, y os vendrá» (Marcos 11.24).

Cuando oramos, también debemos estar dispuestos a hacer lo que Dios demanda para contestar esa oración. Andrew Murray escribió: «La oración no es un monólogo, sino un diálogo; la parte más esencial es la voz de Dios respondiendo a la mía». Las oraciones que alguien vive de pie no son menos importantes que las que ofrece de rodillas. «La oración práctica es más difícil sobre la suela de los zapatos que sobre las rodillas de sus pantalones» (Osten O'Malley).

El propósito más alto de la fe o la oración no es cambiar las circunstancias, sino cambiarlo a uno. Ore para hacer la voluntad de Dios en cada situación; nada más vale la pena pedir. La oración quizás no nos cambie todas las cosas, pero sí nos cambia para todas las cosas. La oración es el pare que le mantiene andando. Si Dios es su Padre, llame a casa, por favor.

GEMA #46

Suelte para poder obtener.

Uno no es libre hasta que el plan supremo de Dios para la vida nos ha capturado. Solo los que están atados a Cristo de verdad son libres. En su voluntad está nuestra paz.

Hay algo significativo que ocurre cuando nos rendimos por completo a Él. «Porque los ojos del Señor recorren el mundo para poner su poder en favor de quienes le son fieles» (2 Crónicas 16.9, *La Biblia al día*).

«Si un hombre se para con el pie derecho sobre un horno caliente y el izquierdo en el refrigerador, algunos estadísticos dirían que, por lo general, se siente cómodo» (*Oral Hygiene*.) Nada puede estar más lejos de la verdad. Dios no quiere que vivamos con un pie en el cielo y el otro en el mundo. Quiere todo lo que somos.

D.L Moody dijo: «No hace falta mucho tiempo para descubrir dónde está el tesoro de un hombre. Con quince minutos de conversar con la mayoría de los hombres uno puede notar si sus tesoros están en la tierra o en el cielo». Cuando joven, Billy Graham oraba: «Señor, déjame hacer algo, cualquier cosa, para ti». Mire los resultados de esa simple pero sincera oración.

Los que ven la mano de Dios en todo pueden dejarlo todo en las manos de Dios. Uno tiene que soltar para obtener. Cuando a uno solo le queda Dios, por primera vez se da cuenta de que Él es suficiente. Cuando uno decide no esconderle nada a Dios, demuestra su amor por Él. «El pensamiento más importante que tuve fue la de mi responsabilidad personal hacia Dios» (Daniel Webster).

El mundo pocas veces ha visto lo que Dios puede hacer con un hombre, para un hombre y por medio de un hombre que se ha entregado por completo a Él. A qué uno adora y cómo lo hace determina lo que uno llega a ser. Corrie ten Boom aconsejó: «No se preocupe por darle instrucciones a Dios. Solo preséntese para servirle».

Martín Lutero da un resumen de lo que es estar totalmente rendido de esta manera: «Dios creó el mundo de la nada, y siempre que no seamos nada, Él puede hacer algo con nosotros».

GEMA #47

No posponga el gozo.

El entusiasmo hace que todo sea diferente. No se puede controlar la longitud de la vida, pero sí se puede moderar la anchura y profundidad añadiendo diversión y entusiasmo. Cuando uno tiene entusiasmo por la vida, esta tiene entusiasmo para uno. «Todos los días del afligido son difíciles; mas el de corazón contento tiene un banquete continuo» (Proverbios 15.15). William Ward dijo: «El entusiasmo y la persistencia pueden hacer superior a una persona ordinaria; la indiferencia y el letargo pueden hacer ordinaria a una persona superior».

«Estén siempre gozosos. Oren sin cesar. Den gracias en cualquier circunstancia, porque esto es lo que Dios espera de los que pertenecen a Jesucristo» (1 Tesalonicenses 5.16-18, *La Biblia al día*). No posponga el gozo. El gozo es la señal más infalible de la presencia de Dios. Es el eco de la vida de Dios en nuestro interior. El entusiasmo viene de adentro.

Si se siente cansado como un perro por la noche, quizás se deba a que ha estado ladrando todo el día. Aprenda a reírse de usted mismo. El que tiene un buen sentido de humor quizás canse a los demás, pero nunca está aburrido. «De todas las cosas que Dios creó, a menudo lo que más agradezco es que creó la risa» (Chuck Swindoll). El humor es para la vida lo que los amortiguadores son para el automóvil.

Una de las cosas más contundentes que uno puede hacer para influir en los demás es sonreírles. Uno nunca está completamente vestido hasta que se pone una sonrisa. El mejor estiramiento facial es una sonrisa. Una sonrisa es una ventaja; un ceño es una desventaja. Algunas personas hacen una mueca y se resignan; otras sonríen y cambian las cosas. Shelby Friedman recomendó: «Sea como la Mona Lisa. Sigue sonriendo aunque la tienen contra la pared».

El entusiasmo y el pesimismo son contagiosos. ¿Cuánto esparce de cada uno de ellos? «Es difícil seguir neutral o indiferente en la presencia de una persona positiva» (Denis Waitley).

Uno puede tener éxito en casi cualquier cosa por la que tenga un entusiasmo ilimitado. «En mi experiencia, el mejor trabajo creativo nunca se logra cuando uno se siente infeliz», dijo Albert Einstein. Cada éxito de genialidad debe ser el resultado del entusiasmo. Por cada oportunidad que uno pierde debido al entusiasmo exagerado, hay cien que se pierden como resultado de la falta de entusiasmo. Prefiero la ridiculez del entusiasmo a la indiferencia de la lógica.

Rara vez tendrá éxito en algo si no se divierte haciéndolo.

GEMA #48

Edifique sobre las victorias.

Dicho simplemente, hay dos momentos distintos en los que es más probable que alguien se retire: después de un fracaso o después de una victoria. ¿Cuántas personas ha conocido con gran potencial? ¿Dónde están? La mayoría de las personas de gran potencial paran porque no edifican sobre sus victorias.

El éxito ha convertido a muchos hombres en fracasados. Por lo tanto, no se retire después de una victoria. ¡Edifique! Si al principio tiene éxito, haga algo más dificultoso.

Una vez que uno empieza a actuar puede seguir actuando. Cada victoria solo compra un boleto de entrada para una oportunidad más desafiante. El mayor beneficio de un éxito es la oportunidad de hacer más. «Las oportunidades se multiplican a la vez que se toman» (John Wicker). Mientras más haga, más podrá hacer.

«Quizás sea bueno que no haya visto la realización de todos sus sueños. Porque cuando uno obtiene todo lo que desea, se siente miserable. Estar perpetuamente alcanzando, permanecer insatisfecho es una clave para el ímpetu» (*North Carolina Christian Advocate*).

La persona que está satisfecha con lo que ha logrado nunca será famosa por lo que ha de hacer. Thomas Edison dijo: «Muéstreme un hombre completamente satisfecho y le mostraré a un fracasado».

El primer paso para llegar a algún lugar es decidir que no se va a quedar donde está. Cuando uno logra una victoria, la comodidad y el dinero llegan, pero no confunda la comodidad con la felicidad ni el dinero con el éxito. No es lo obtenido lo que se convierte en éxito; más bien es lo que uno sigue haciendo con lo obtenido.

Recuerde esto en su vivir:
Mañana habrá más que producir
Y el fracaso espera a todo aquel
que se conforme con el éxito de ayer
(Anónimo).

GEMA #49

El amor abre.

«¿Qué fuerza es más poderosa que el amor?» (Igor Stravinsky). El amor es el ingrediente más importante del éxito. Sin esto su vida resonará con vacío. Jesús dijo: «En esto conocerán todos que sois mis discípulos, si tuviereis amor los uno con los otros» (Juan 13.35). Hay una manera simple de disfrutar una vida de amor: respire el Espíritu de Dios y exhalará su amor.

El amor busca la manera. Todo lo demás buscará una excusa. «¡Que el amor sea siempre para ustedes la más alta meta!» (1 Corintios 14.1, *La Biblia al día*).

Ame a las personas más de lo que se merecen. Nunca pierda la oportunidad de decirle algo agradable a otra persona. «Hallará al mirar atrás en su vida que los momentos en los que realmente ha vivido son aquellos en los que hizo cosas en un espíritu de amor», dice Henry Drummond.

«La bondad constante puede lograr mucho. Así como el sol derrite el hielo, la bondad causa que los malentendidos, la desconfianza y la hostilidad se evaporen» (Albert Schweitzer). La bondad ha convertido a más pecadores que el celo, la elocuencia o el conocimiento. Practique la bondad constante.

Agustín describió el amor: «¿Cómo es el amor? Tiene manos para ayudar a los demás. Tiene pies para correr hacia los pobres y necesitados. Tiene ojos que ven la miseria y la necesidad. Tiene oídos para atender a los suspiros y sufrimientos de los hombres». «Por un momento, el amor puede transformar el mundo. El amor es vida ... y si uno fracasa en el amor, fracasa en la vida» (Leo Buscaglia).

La Biblia dice: «Nosotros sabemos que hemos pasado de muerte a vida, en que amamos» (1 Juan 3.14). Haga todas las cosas con amor, porque el amor abre, el amor pide, el amor ensancha y el amor crea.

Para ser amado, ame. Hágase el propósito de amar a alguien que no lo merece, «y sobre todo, ámense unos a otros fervientemente, porque el amor disimula multitud de faltas» (1 Pedro 4.8, *La Biblia al día*).

GEMA #50

Nunca permita que el ayer ocupe demasiado de hoy.

Ayer terminó anoche. Así que es más valioso mirar hacia delante y preparar que mirar atrás y lamentar. No permita que los lamentos ocupen el lugar de sus sueños» (John Barrymore). Los lamentos miran hacia atrás. La preocupación mira a su alrededor. La fe mira hacia arriba.

La vida se puede entender mirando atrás, pero se tiene que vivir hacia adelante. Si la historia fuera lo único importante, los bibliotecarios serían las personas de más éxito en el mundo. El pasado solo se debe ver con gratitud por las cosas buenas que Dios ha hecho, así que mire hacia atrás con gratitud y hacia adelante con confianza. Su pasado es el inicio de un nuevo comienzo.

Considere lo que dijo Vivian Laramore: «Le cerré la puerta al ayer y boté la llave. No temo al mañana, porque he hallado el hoy». Use el pasado como una rampa de lanzamiento, no como una silla de patio. Los sueños del futuro son más valiosos que las historias del pasado. «El sabio piensa con anticipación; el necio trata de engañarse y no quiere reconocer los hechos» (Proverbios 14.8, *La Biblia al día*).

La experiencia es en los mejores casos la respuesta de ayer al problema de hoy. «No os acordéis de las cosas pasadas, ni traigáis a memoria las cosas antiguas. He aquí que yo hago cosa nueva; pronto saldrá a luz; ¿no la conoceréis? Otra vez abriré camino en el desierto, y ríos en la soledad» (Isaías 43.18-19).

«Fije sus ojos en la carretera y use el espejo retrovisor solo para evitar los problemas» (Daniel Meacham). Deje de viajar hacia el pasado. No cometa el error de dejar que el ayer ocupe demasiado de hoy.

GEMA #51

El alfabeto del ímpetu.

A. Acuerdo

B. Bondad

C. Creatividad

D. Deseo

E. Entusiasmo

F. Fe

G. Gratitud

H. Honradez

I. Ilusión

J. Jesús

L. Lealtad

M. Misericordia

N. Nutrición

O. Oportunidad

P. Paz

Q. Querer

R. Riesgo

S. Subsistir

T. Tiempo

U. Unidad

V. Valores

X. E(x)traordinario

Y. A(y)uda

Z. Fortale(z)a

GEMA #52

Todos necesitamos más fe.

La fe puede rehacer su futuro. «El único obstáculo entre el hombre y lo que este quiere de la vida es a menudo la falta de voluntad para intentarlo y la falta de fe para creer que es posible» (Richard DeVos). La fe es como una linterna; no importa cuánto oscurezca, la fe le ayudará a encontrar el camino. «Cada mañana tiene dos asideros; podemos asirla por el de la ansiedad o por el de la fe» (*Southern Baptist Brotherhood Journal*).

El lamento mira hacia atrás; la preocupación mira a su alrededor; la fe mira hacia arriba. Los grandes líderes tienen un don espiritual en común: la fe. Dios siempre tiene algo para la persona que mantiene su fe en Él. «[Él] es galardonador de los que le buscan» (Hebreos 11.6). Su vida progresará o retrocederá en proporción con su fe.

Piense como un hombre de acción, y actúe como un hombre de fe. La oración es pedir que llueva; la fe es salir con la sombrilla. Es necesario antes creer para poder lograr. Paul Little dice: «La fe, por su naturaleza, demanda acción. La fe es una acción y nunca una actitud pasiva». La fe no es una píldora que se toma, sino un músculo que se usa. La fe es trabajar con las manos y los pies cuando su mente y los demás dicen que no se puede hacer. La fe activa es indispensable para la victoria.

Por fe uno puede actuar con resolución ante la carencia de seguridad o en la presencia de la indecisión. No es imaginar; es tomar decisiones. A.W. Tozer escribió: «La verdadera fe no es cosa de sueños; más bien es fuerte, práctica y del todo realista. La fe ve lo invisible, pero no ve lo que no existe». Corrie ten Boom, describió la fe de esta manera: «Es como un radar que penetra la neblina, la realidad de las cosas, a una distancia que el ojo humano no puede ver». El mundo dice que ver es creer. La fe dice que creer es ver.

La fe es como un cepillo de dientes. Debe tener uno y usarlo todos los días, pero no debe usar el de otra persona. Ralph Waldo Emerson dijo: «Todo lo que he visto me enseña a confiar en el Creador en cuanto a todo lo que no he visto». La duda es la gran peste moderna; pero la fe puede curarla. La fe verdadera rehúsa ver cualquier cosa que sea contraria a la Biblia. No se fija en las circunstancias ni las condiciones sino en la promesa.

La duda ve obstáculos, la fe el camino ve.
La duda ve la noche oscura, la fe el amanecer.
La duda teme dar un paso, la fe siempre voló;
La duda pregunta: «¿Hoy quién cree?»
La fe responde: «Yo» (Anónimo).

UNA PALABRA FINAL

Sea la persona original que Dios se propuso que usted fuera. No se conforme con menos. No mire atrás. Mire adelante y decida hoy dar pasos hacia el plan de Dios para su vida.

Reciba el ímpetu de Dios para su vida. *Suéltese de lo que le detiene.* Sepa que Dios continuará lo que Él quiso en usted.

Recuerde 1 Tesalonicenses 5.24 que dice: «Fiel es el que os llama, el cual también lo hará».

ACERCA DEL AUTOR

John Mason es el fundador y presidente de Insight International. El propósito de esta organización es alentar a las personas a usar todos sus dones y talentas a la vez que realizan el plan de Dios para sus vidas.

John Mason está muy en demanda a través de los EE.UU. y en otros países como orador y ministro. Es autor de varios libros de éxito y muchos casetes y videos.

Tiene una licenciatura en administración de empresa de Oral Roberts University.

John tuvo la bendición de crecer en un hogar cristiano en Fort Wayne, Indiana con sus padres, Chet y Lorene Mason. Él, su esposa, Linda, y sus cuatro hijos, Michelle, Greg, Mike y Dave actualmente residen en Orlando, Florida.